続かくれスポット大阪

吉村智博

解放出版社

続　かくれスポット大阪……目次

装丁図版
大阪名所　梅田ステーション・カバー表（大阪市立中央図書館蔵）
第五回内国勧業博覧会全景明細図・カバー裏（個人蔵）

近世大坂の周縁

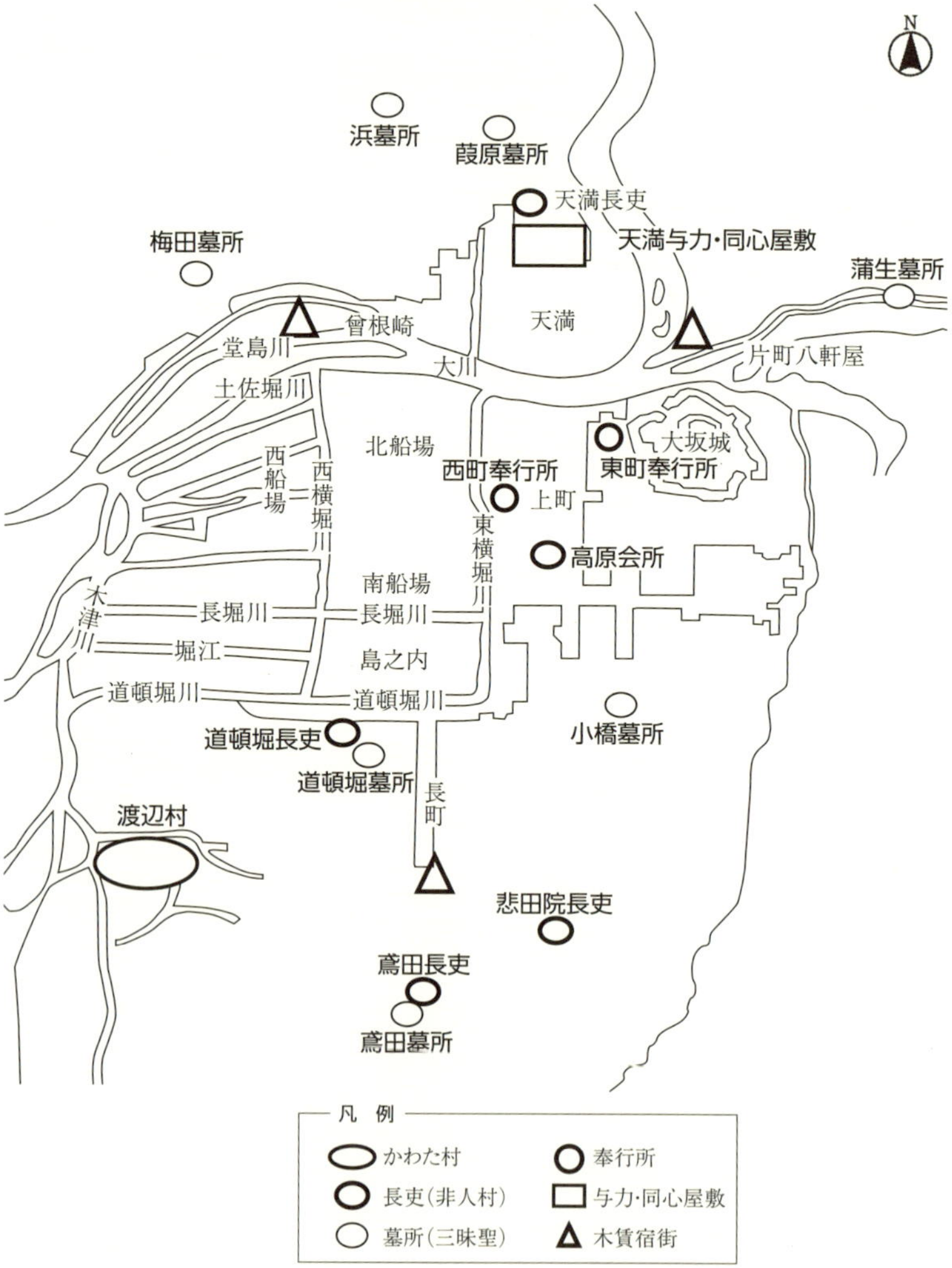
N
浜墓所
葭原墓所
天満長吏
天満与力・同心屋敷
梅田墓所
蒲生墓所
曾根崎
天満
堂島川
片町八軒屋
大川
土佐堀川
北船場
大坂城
西船場
西横堀川
西町奉行所
東町奉行所
上町
東横堀川
高原会所
南船場
木津川
長堀川
長堀川
堀江
島之内
道頓堀川
道頓堀川
小橋墓所
道頓堀長吏
道頓堀墓所
長町
渡辺村
悲田院長吏
鳶田長吏
鳶田墓所
凡　例
かわた村
奉行所
長吏（非人村）
与力・同心屋敷
墓所（三昧聖）
木賃宿街

近代大阪の周縁

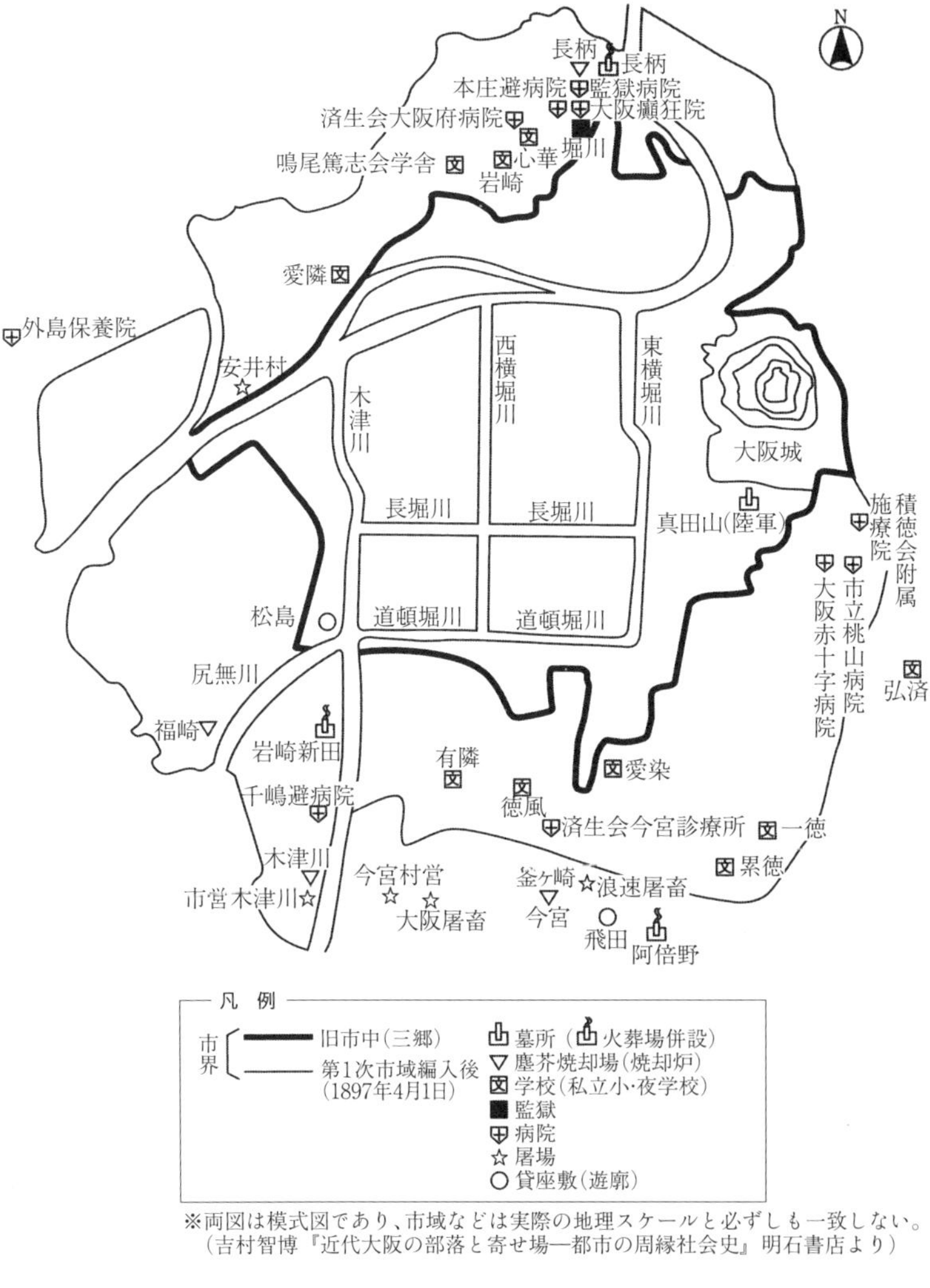

※両図は模式図であり、市域などは実際の地理スケールと必ずしも一致しない。
（吉村智博『近代大阪の部落と寄せ場―都市の周縁社会史』明石書店より）

写真提供一覧（五〇音順）

『大阪同和教育史料集』第五巻……95頁（本文頁数 以下同）
『大阪の水平運動と活動家群像』……61頁、65頁
大阪府立中之島図書館……19頁
『恩賜財団済生会七十年誌』……34頁
『回顧七十有七年』……51頁
『関西名士写真録』……76頁
『北市民館の五〇年』……26頁
『光徳寺善隣館六〇年の歩み』……39頁
国立国会図書館ウェブサイト……35頁
『栄小学校新築落成記念写真帖』……55頁
社会福祉法人大阪自彊館……84頁
毎日新聞社……89頁
『松田喜一―その思想と事業』……68頁

序論 都市大阪のなかの差別

上方落語のかつての名跡《みょうせき》・四代目桂文吾（一八六五〜一九一五）が、江戸時代の千日墓所（三昧《さんまい》聖《ひじり》）の情景を織り込んだ名作『らくだ』を演じて世間の耳目をあつめたあと、江戸では真打あたりが高座にかけたであろう、この作品を継承したのは、やはり名跡・六代目笑福亭松鶴（一九一八〜一九八六）、のちに人間国宝となる三代目桂米朝（一九二五〜）らであった（一方、文吾から柳家小さんの手によって東京へ移植された型は、のちに江戸落語の独自のアレンジをほどこして三遊亭圓生が得意とした）。

佐竹昭広・三田純一編『上方落語』下巻（筑摩書房、一九七〇年）によれば、「らくだ」とは、「のばく」と呼ばれる貧民街に住んでいる「無頼漢《ぶらいかん》」で、のっそりと行動することから当時の庶民も実物や絵画で目にすることのあった駱駝《らくだ》から付けられた「馬五郎」のあだ名であるが、その馬五郎が突然死んだがために葬式を出そうとする「兄弟分熊五郎」らの抱腹絶倒の掛け合い（「かんかんのう」＝「看々踊」など）が繰り広げられる。

ところで『らくだ』は、ほかの作品に比べて比較的長時間であること、登場人物が多く台詞《せりふ》こなしがベテランでないとむずかしいこと、オチ（サゲ）となる「冷酒《ひや》でもかまわん、もう一杯……」

の「冷酒」と「火屋《ひや》」（墓所に隣接する火葬空間）との言葉掛けが理解できない向きにはおもしろみがないこと、などさまざまな訳ありで、上方落語でも長老格の高座にかけられることさえ稀であったようだ。たしかに今でもひろく観ることのできる師匠方の作品には、短縮されてオチ（サゲ）までたどり着かないバージョンもあるぐらいである。

同じく上方落語の名跡で米朝師匠の師でもある四代目桂米團治（一八九六～一九五一）が演じた『代書』は、一九三〇年代末ごろの大阪市内での代書家業の体験をもとに構成された作品で、難儀な客がひとしきり去ったあと、ひとりの朝鮮人が「渡航証明」を代書依頼にやってくる。韓国併合などによって〝大大阪〟（一九二五年四月の第二次市域拡張の結果誕生した新生大阪市の通称）形成の前後から工業都市大阪（東洋のマンチェスターなどと揶揄《やゆ》されるごとく公害都市でもあったが……）へ朝鮮半島から渡日してくる朝鮮人が激増していた生野区や東成区、さらに西成区を抱える当時の大阪では、リアリティをもってこの作品が受け入れられていたようである。最近では、東成区の席亭で時折演目にのぼるぐらいだが、名作といわれる往事の姿を彷彿とさせる出来映えである。

＊

かようなまでに上方落語の演目のいくつかは、近世（江戸時代）から近代（明治・大正・昭和時代）にかけて世相に織り込まれた被差別マイノリティの日常生活の一齣《ひとこま》をおもしろくかつユーモラスに採り入れ、人びとの「笑い」を誘っていた。もとより、歴史的身分あるいは多民族（多文化）といった視点からみた場合、それらの作品の含意は実に多様だが、ここで注目したいのは、落語という話芸の「王道」のなかで、さまざまな身分集団・階層に属する人びとがリアリティをもって光を当てられている点である。つまり、共同体や地域社会の差別の現実から逃避したり、事実を隠蔽《いんぺい》したりすることなく、話芸のなかで人間関係の深淵《しんえん》にある齟齬《そご》や矛盾を消化し、人の生活空間と隣合わせに存在する生身の人間を描いているところが重要だといえよう。

*

近世身分制社会のなかの大坂三郷（天満組・北組・南組）には、往還や街道が整備され、氾濫《はんらん》をくり返す手強い河川のいくつかも整備され、文化の普及とあわせて人的な交流も盛んにおこなわれていた。街道ひとつをとってみても、高麗《こうらい》橋を起点とする紀州街道（〜和歌山）、亀岡街道（〜亀岡）、中国街道（〜西宮で京都からの西国街道と合流して下関）、難波橋からの大和田街道（〜尼崎で中国街道と合流）、八軒家浜から上町台地を南進する古道の熊野街道（〜和歌山経由で熊野）、逢坂《おうさか》が起点の奈良街道（〜竜田《たつた》峠越えで奈良）などが、まさに縦横無尽に張りめぐらされ、人びとの往来をみとどけた。河川も旧淀川（大川）から分岐した土佐堀川と堂島川などのほか、木津川、尻無《しりなし》川《がわ》、十三間堀川《じゅうさんげんほりかわ》、鼬川《いたちがわ》、さらに東横堀、西横堀、長堀、道頓堀、京町堀、江戸堀と、船の往来するようすは、「八百八橋」と異名される橋脚の乱立する名勝であった（実際には一六〇カ所ほどであった）。

こうした数々のインフラが上方文化を華やかなものとして演出していたのだが、それらはやがて近代化とともに進められる都市プランにそって少しずつかたちを変えていく。さきの街道や河川に代替する近代輸送手段として登場した鉄道を軸に、四方のエリアを俯瞰《ふかん》してみるとどうだろうか。

＊

「キタ」では、梅田ステーション（大阪停車場）の開業（一八七四年に神戸行き、七七年に京都行きが開通）によって京阪神が官設鉄道で結ばれ、やがて最初の近代的鉄道ターミナルである新京阪ターミナルビルも開業し（一九二六年）、古都へ延伸する民鉄の拠点となる。一方「ミナミ」では、最初の私鉄（純民間資本）である阪堺鉄道（現・南海電鉄本線）の難波駅（一八八五年に大和川まで開通、八八年に堺まで延伸）や、大阪鉄道（のち、関西鉄道）の湊町駅（一八八九年に柏原まで開通）の敷設によって集客力を増した道頓堀に近代型劇場文化が根づく。さらに「ヒガシ」では、砲兵《ほうへい》工廠《こうしょう》、化学分析場など大阪城周辺の軍事・軍需拠点化に関連して、片町駅・京橋駅（一八九五年に大阪鉄道の天王寺―玉造―梅田、浪速鉄道の片町―四條畷《しじょうなわて》間）が開業していく。近代大阪の出発地ともいえる「ニシ」に目を向けると、川口居留地の需要によって屠場《とじょう》（安井村）が設けられ、江《え》之子《のこ》島では日々重要な行政機構が機能していくなか、大阪港修築にともなって築港桟橋《ちっこうさんばし》―花園橋間の市電が開通した（一九〇三年）。輸送手段の革新と充実は、人や物の流れを質量ともにドラスティックに変え、近代都市の「ポジ」を彩る。

＊

しかし、都市の「ネガ」の部分、つまり華やかさばかりではない面については、前著『かくれスポット大阪』でも詳細に追跡したが、本書でも補遺をかねて少し探索してみようと思う。前著のエリアをもう少しひろげ、加えて歴史上の人物にややシフトして街（町）歩きをしたい。というのも、昨今、こうした歴史を背負ってきた街（町）のいたるところで、都市の矛盾を肌で感じているからである。筆者がふだん使っている〝JR大阪環状線の内側と外側の落差〟という例言から、地域社会の差別（排除の思想）の深刻さが見える。

たとえば、生野区の猪飼野《いかいの》地域（JR大阪環状線・鶴橋駅、桃谷駅）では、コリアタウンの歴史（とくに日本による韓国併合などの侵略や植民地支配との関係）と食肉文化への無理解に起因するヘイトスピーチが猛威をふるっている。また、西成区の釜ヶ崎《かまがさき》（JR大阪環状線・新今宮駅）は、高度経済成長期に来阪した青年労働者の高齢化と、日本社会全体のセーフティネットの崩壊によるホームレスや生活保護問題が集約的に現れている。浪速区の被差別部落（JR大阪環状線・芦原橋駅、今宮駅）は、ながく独自の食文化や皮革文化の原点となってきたが、部落差別の解消を目的とした立法措置終了後も偏見にさらされ続けている。いずれも阿倍野地域や梅田地域の「再開発」（高層化と装飾化に彩られた「装置」による過剰なまでの演出）にともなった繁栄・享楽によって忘却されてしまいがちな現代社会の問題が、明確に浮き彫りにされているわけである。

このようにきわめて現代的な課題は、排除の時空が生み出した近代社会に固有の差別的な問題群にほかならないが、社会的包摂という手段を使うことで、問題克服の糸口をつかむことができる。近代社会の共同体（都市、農村ともに）がその運営・運用に際して生み出してきたマイノリティ集団への社会的差別は、社会的排除という行為によって成立してきたという特性があるからである。

＊

ただし、本書は具体的な政策を提言することを目的として書かれたものではない。歴史的事実にそくして都市大阪の空間を「遊覧」しつつ、問題群の歴史的起点を探りその本質の一端を垣間見ることしかできない。なんとも頼りない話であるが、温故知新が現代の政策に何らかのヒントや展望を与えることがあるやもしれない。

本書を手にとっていただいた方には、前著に引き続き、社会的差別を軸にした街（町）歩きにおつきあいいただければ幸いである。

なお、巻末に「補論」として、江戸時代の商業都市・上方から近代の工業都市・大阪への変遷を、近世絵図から近代地図への移行期の情報を軸にトレースしてみた。関心のある方は巻頭にあげた周縁図と照合しながら、そちらからお読みいただいてもかまわない。

［**附記**］本書では、いくつかの箇所で歴史資料を直接引用している。基本的には原文を尊重してカタカナなどを残したが、読みやすさなどを考慮して、部分的に句読点を入れ、現代仮名づかいにしてルビをふるなどしたところもある。また、登場人物の生没年はすべて西暦で統一したため、月日も太陽暦で表記している。なお、**MAPⒶ**だけはスケールの関係で、北を九〇度時計回りに回転させて掲載してあるので、ご容赦いただきたい。

続 トピックス編

監獄署と博物場

なぜ、冒頭から「監獄署」と「博物場」なのか？　前者は刑罰（懲役や禁錮《きんこ》など）の施設、後者は文化の施設と一般的に理解されているから、訝《いぶか》しげに思われる向きがあっても不思議ではない。しかし、毅然《きぜん》と身体の規律（刑罰をもっての矯風）を要求し、多様な思想の普及（文明開化による西洋移入）を促進するという点では、まさに両者は近代国家の代表的装置である。大阪の場合、江戸時代の行政の中枢機関に相当する奉行所と、それに付属する牢屋を地理空間的に起源とし、さらに跡地が広大な公共空間となっている点でも一致しているのである。

大阪市内を歩いていると、時おり、正方形ないし四角形の公園に出くわすことがある。何気なく通り過ぎそうになるが、場合によっては、歴史的な史跡の一部ないし全体であったりするので、できるだけ注意を払ってみることにしている。近世から近代を通じて公的な施設であったところが、そのまま公共空間であることはままあることで、都心部の高速道路や地下鉄などがかつての河川や往還の上下を通過しているのとよく似ている。さて、そうした視点でいくつかの公園を探索していると、時は江戸時代までタイムスリップしてしまう。

*

江戸時代、大坂市中では刑罰の際に軽犯罪者を収容する瓦町の高原溜《ため》（四カ所長吏《ちょうり》の管轄する高原会所に併設）と、糸屋町（松屋町）の與左衛門《よざえもん》町牢獄《ろうごく》と称する牢屋を備えていた（実際の刑罰を執行する仕置場は、これらとは別に、千日前、鳶田《とびた》、野江にあった）。

明治維新以後、それぞれ従来の地に残るが、一八六九（明治二）年、粉川《こか》町（北聚楽《きたじゅらく》町）に新設された聚楽町徒刑場だけは、翌七〇年に近代的な刑罰を規定する「新律綱領」が発布されるとすぐに廃止された。一方で、一八七三年に高原徒刑場（かつての溜）が「懲役場」に、與左衛門町牢獄が「松屋町囚獄場」に改称されて刑罰の現場をになうようになる（高原はのちに若松町に移転）。当時は監獄則などの法整備が着手されたばかり、まさに猫の目のような変わりようであった。しかし、一八七九（明治一二）年に内務省監獄局が設置されると、こうした既存の施設はようやく一元化され、既決と未決の監獄署として機能分担していく。

もっとも大きな転換は、一八八二（明治一五）年一二月に大阪市中の北のはずれに隣接している北野・川崎両村内に、約六万坪余（およそ一九万八〇〇〇㎡）という広大な「堀川監獄」（のち、大阪府監獄署）（MAP A❶）が新設されることになった時である（上方落語『へっつい盗人《ぬすっと》』にも登場し、かの反骨ジャーナリスト宮武外骨《がいこつ》も一時収監されていた）。この監獄所は一九二〇（大正九）年に堺市へ移転するまで（現・大阪刑務所）、本庄・長柄《ながら》の木賃宿街と舟場《ふなば》部落に近接して刑務所が置かれていたわけである。

もともと近代の監獄制度は、一九一〇年代初頭、大阪にやってくる小河滋次郎《おがわしげじろう》と深いかかわり

小河滋次郎　1864.1.11～1925.4.2

をもっている。文久三（一八六三）年に信濃国《しなののくに》（上田藩）の藩医の家に生まれた小河は、二三歳で東京帝国大学法科大学を卒業後ただちに内務省入りし、警保局に配属される。三四歳で監獄局へ異動した小河は、感化教育と呼ばれる犯罪や非行に関する対策をになう。その著書『監獄学』のなかで「幼年者ノ犯罪ハ其由来スル所、殊ニ多クハ家庭若《もし》クハ学校教育ノ欠乏ニアリ、自ラ犯罪ノ悪事タルヲ弁識セサル者比々殆《ほと》ント皆是ナリ、故ニ能ク其幼時生育ノ実況ヲ深討シ学校管理術ノ要訣《ようけつ》ニ則リ、緩急其機ヲ誤マラスシテ巧ミニ之ヲ開発誘導セハ、再ヒ正路ノ良民タルニ復帰セシムコト難キニアラサル」と述べている。

内務省監獄局でながく感化教育に携わった小河は、第一次憲政擁護運動（護憲運動）で中央政局が揺れ動くさなか（桂内閣の辞職など）の一九一三（大正二）年に、大久保《おおくぼ》利武《としたけ》大阪府知事の要請で招かれ、嘱託として大阪府に赴任することになった。小河については、全国の主要都市に先駆けて方面委員制度（現在の民生委員・児童委員制度）の創設に尽力したことで知られている。

方面委員の思想は、西浜部落の沼田《ぬまた》嘉一郎《かいちろう》にも影響を与えたようであり、沼田は小河の「救恤《きゅうじゅつ》」と「社会貢献」を柱とする精神こそ活動の基本であるとのちに証言している。沼田は、都市における「細民」救護の基本となる考え方を、小河が説いた「民衆生活の真相」に迫ること、「社会全体の協力」関係を築くこと、さらに「至誠を以て一貫」することから大いに学んだとしている。

＊

その監獄署が堺市に移転したあと、残された広大な面積をもつ場所こそが、現在では市民の憩いの場となっている北区の扇町公園である。地図や航空写真などによって真上からその形状をみると、ほぼ正方形に近いかたちをしていることがわかる。一方、さきの與左衛門町牢獄跡（MAP Ⓐ❷）も中央区糸屋町の中大江公園として四角い形状で残っている。

この中大江公園を西に少し進むと、きれいに整備された植栽の一角に「西町奉行所址《あと》」の石碑（MAP Ⓐ❸）がたたずんでいる。町方の拠点としては「東町奉行所」が城郭の追手門近く（現在の大阪府の合同庁舎付近）にあったが、西町奉行所跡地は近代以降、さまざまな施設として利用されていく。まず、明治維新の直後には、大阪鎮台営所→大阪裁判所→大阪府庁舎と、すでに行政府（前二者はのちの司法府とは別組織）が構える。府庁舎が西区の江《え》之《の》子《こ》島へ移転して以降、万人が立ち入ることのできる教育・啓蒙機関として機能させることが検討された。

そこで設置されたのが、府立大阪博物場である。その名のとおり博物館、美術館として創り出されたものであったが、その実、商品陳列所や動物園などを併設した総合施設であり、江戸時代の主要な掘割のひとつである東横堀川のほとりに、突如として万人が出入り可能なアミューズメン

大阪博物場西門（1880年代）

MAP A

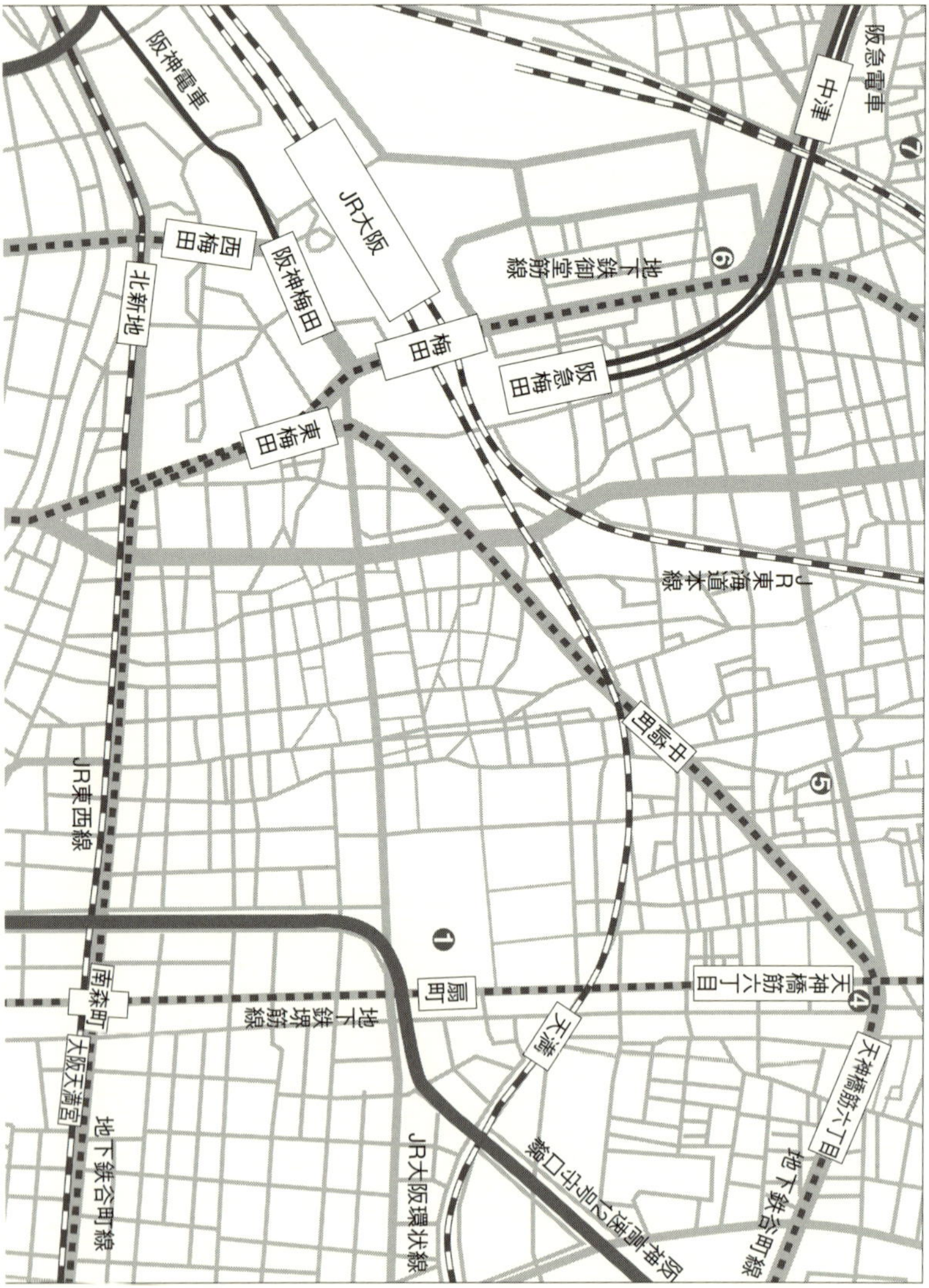

阪急電車
中津
7
阪神電車
JR大阪
西梅田
阪神梅田
北新地
6
地下鉄御堂筋線
梅田
阪急梅田
東梅田
JR東海道本線
中崎町
5
JR東西線
1
扇町
天神橋筋六丁目
4
南森町
地下鉄堺筋線
天満
天神橋筋六丁目
大阪天満宮
地下鉄谷町線
JR大阪環状線
阪神高速12号守口線
地下鉄谷町線

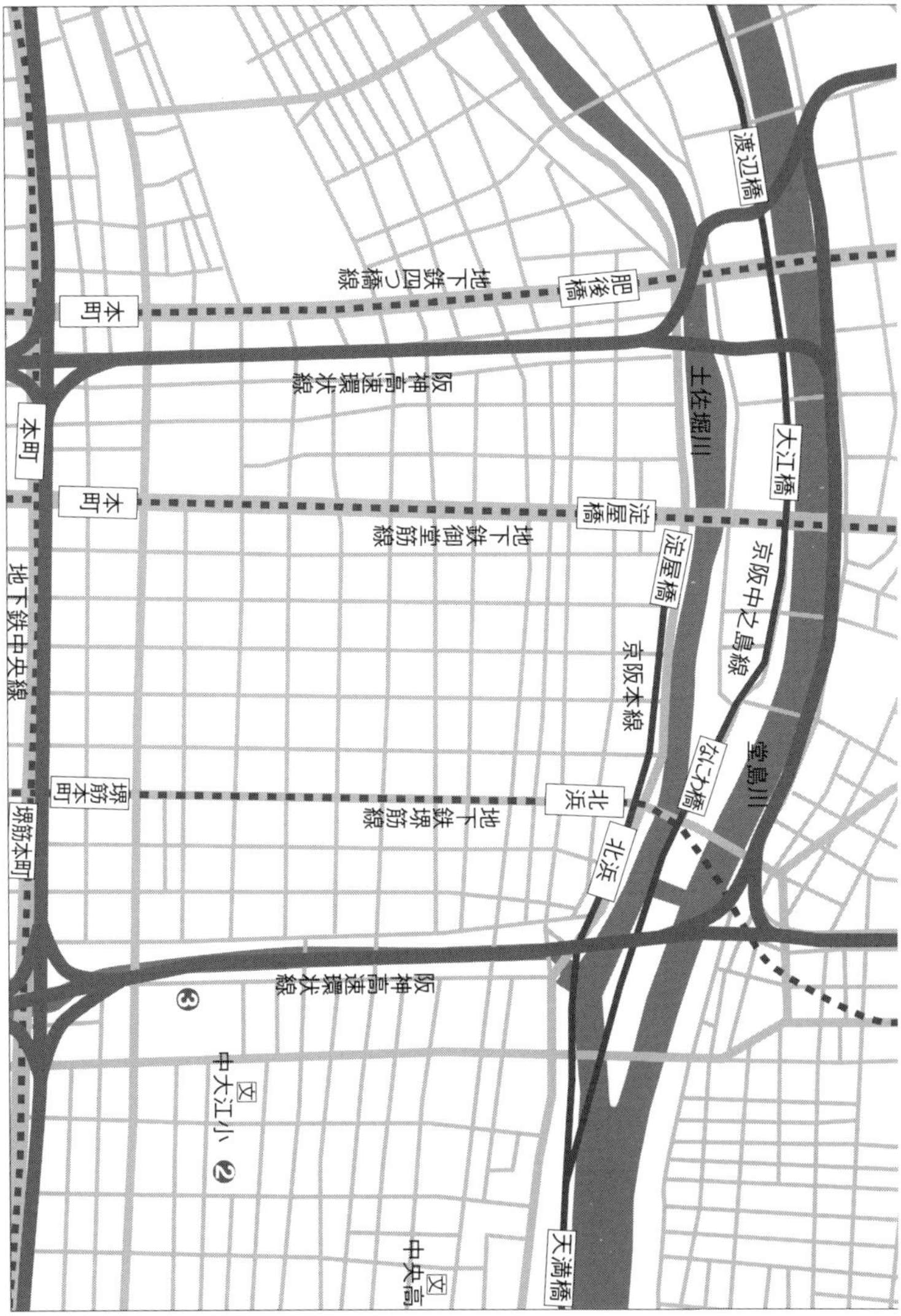

❶大阪府監獄署跡（現・扇町公園）❷與左衛門町牢獄跡（現・中大江公園）❸西町奉行所跡・府立大阪博物場跡（現・マイドームおおさか）❹北市民館跡（現・住まい情報センタービル）❺本庄避病院跡・済生会本庄診療所跡 ❻済生会中津病院 ❼元善隣館（現・中津学園、光徳寺）

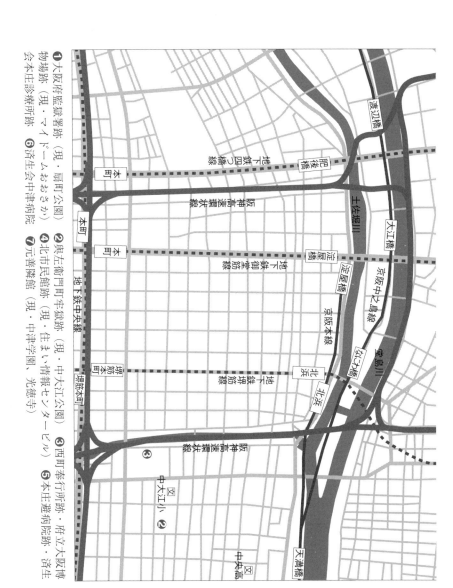

トゾーンが出現したわけである。一八七五（明治八）年の「大阪博物場開設ノ件」には「各地ノ物産ヲ蒐集《しゅうしゅう》シ其原由直価ノ当否ヲ一目ノ下ニ瞭然タラシメ、其精粗ヲ評判シ其直価ヲ審定シ、四方商客ノ便利ヲ取リ、府下売買交換愈《いよいよ》盛大ナランヲ期スル」趣旨が記されており、詳細な「大阪博物場概則并《ならび》条例」が定められた。

この博物場では会期が一〇〇日間にわたる「大会」と、わずか一日だけ開催の「小会」が開かれており、どちらも観覧料を徴収していた。会場は、「商品場」「名品場」にわかれ、それぞれ「天造物」「人工物」「古器物」に分類されていた。商品場は「総シテ日用売買ニ係ル品ヲ陳列」するところであり、展示用ケースやガラス棚なども随時貸し出されていた。一方、名品場は「諸人ノ愛蔵スル内外古今ノ物品」を展示するゾーンであり、展覧会用の造作などはすべて出品者がおこなうこととなっていた。出品者には「内外人ヲ論セス」、展示物それぞれに「買物」「所蔵物」ないし「大会のみ展示」「大小会ともに展示」と区別することが課せられた。ちなみに「買物」は「廣ク観客ノ購求ニ応スル為、遠近ノ商估《しょうこ》各自所持スル物品ノ見本ヲ顕ス物」で、展示に際しては展示料がいるほか、その価格を明らかにしなければならなかった。また、「所蔵物」は「諸人ノ愛蔵スル珍奇ノ品ニシテ、尋常訪問ノ物ト異ナルモノ」で、販売も可能であった。この場合展示料は無料だった。

たとえば、一八九四（明治二七）年秋の美術展（大会と思われる）の出品目録をみると、絵画は円《まる》山応挙《やまおうきょ》、渡辺南岳《わたなべなんがく》ら十数名の名品を展示し、大阪府内だけではなく近隣府県の所蔵者へ出品依頼をおこない、「美術工芸上ノ裨補《ひほ》ヲ図ル」ことを目的として開催している（『美術展覧会出品目録・

明治二七年秋季』）。まさに府立大阪博物場は、あらゆる物品の展示即売会場だったわけであり、今日私たちが「博物館」の言葉から想像する社会教育機関的な要素は当初はあまりなかったといってよい。ただ、一八八二（明治一五）年ごろ、東京博物館から借用した「水牛二頭」のほか、羊、鹿、猪、熊、狸、鴨、おしどり、鶴、孔雀、鳩、インコなどの鳥獣類が収容・飼育されていたという、その二年後には動物檻《おり》を設置している。この動物檻はのちに臭いなどが問題となり、一九一五（大正四）年に第五回内国勧業博覧会跡地に移転する。現在の天王寺動物園である。

それはさておき、江戸時代の自治行政のトップである町方の拠点であった場所に、各地方からの伝統的物産に文明化の象徴としての装いを纏《まと》わせて、展示・販売する空間を演出して創り出すことそのものが、近代国家にとって重要な意味をもっていたといえる。

＊

その後、市内各地で大規模な博覧会が開催されると（第五回内国勧業博覧会・一九〇三年、大大阪記念博覧会・一九二五年）、博物場の役割は失われていき、一九三五年ごろには、跡地に「国際見本市会館」を新築する計画が立案され実行にうつされる。「鉄筋鉄骨地下室共七階建延建坪一万二千坪」の会館建設のために従来の美術館施設などが一挙に取り壊されたものの、総力戦体制のなかで工事は頓挫することになる。

そして現在、この地にはシティホテルやオフィスビル、商工会議所、さらに、幻の「国際見本市会館」の後身であろうか、地場産業の振興拠点である「マイドームおおさか」（一九八七年開設、大阪産業振興機構運営）が居を構えている。

市民館と社会部

豊かな口ひげをたくわえた細面にロイドメガネの向こうから、穏やかにこちらを見つめる眼差しがある。小奇麗な整髪と痩身にはやや不釣り合いのネクタイとスリーピースの出で立ちの主は、志賀志那人《しがしなと》である。大阪のみならず社会事業の分野では知らない人はいないほど著名な人物である。一八九二（明治二五）年に熊本県阿蘇郡産山《うぶやま》村（現在も産山村）に生をうけ、すでに中学校時代にキリスト教に入信し、日本聖光会の教会で洗礼をうけている。五高（現・熊本大学）に進学後、東京帝国大学に入学してからは建部遯吾《たけべとんご》のもとで社会学を学び、卒業後はＹＭＣＡの主事として来阪し、大正デモクラシーの影響からジャーナリスト村島帰之《むらしまよりゆき》らと友愛会の労働運動に参加するが、大阪市が新規事業として開始しようとしていた労働調査事業の嘱託に身を転じることになる。この事業はのちに大阪市の先駆的社会政策の根幹となり、市長直属部局として一九二〇（大正九）年四月に大阪市社会部が誕生することはよく知られている。

*

志賀の経歴は、とくに大阪市が最初に開設したセツルメント（地域密着型の社会事業）の拠点である市民館（のち、天王寺市民館ができると北市民館と改称）の初代館長を務め、さらに第三代の大阪市社会部長に就任したことで世に知られている。のみならず、キリスト教精神にもとづいた思想を披瀝《ひれき》した社会事業家としての人物像が定評を得ている。

一九一八（大正七）年八月に激しさを増した米騒動後の秩序回復と治安維持をめざした大阪府は、国庫金一〇〇〇万円を支出することを林市蔵知事の名で告諭し、訓令を出さざるをえなかった。それのみならず、林知事は、小河滋次郎の尽力を得て、大阪府方面委員制度を発足させるにいたった（一九一八年一〇月）。

これに対して大阪市では、すでに米騒動前の四月から公設市場、職業紹介所・労働紹介所、浴場などの市直営の社会事業を開始し、七月には市区改良部内に救済係を設置していた。米騒動以後も救済課（救済係・調査係・事業係）を発足させ（一一月）、加えて、五月には市長直属の労働調査係を設置し（のち、労働調査課へ昇格）、これが部制の象徴的存在である社会部の発足につながり、旺盛な社会部調査をおこなうことになる。そして、応急対策実施の原資の残金と、新たな創設資金とを合わせた五〇万円強の基金によって、セツルメントの拠点として誕生したのが市民館（MAP Ⓐ❹）であった。

時に一九二一（大正一〇）年七月のことであり、その初代館長に志賀が就任したわけである。「隣保

志賀志那人　1892.9.7～1938.4.8

完成まもない北市民館（1920年代）

扶助の精神に則って勤労者も主婦も、老いも若きも、或《ある》いは富めるも貧しきも、ひとしく市民一般が共々に楽しく」利用できるとの発想から市民館と命名された。

＊

市民館の事業内容は創設当初から多岐にわたっていて、法律・身上、生業、金融、税務などの個別指導、講演会、講習会、図書室などの教化教養、幼児保育、児童福祉などの児童保護、内科と小児科、皮膚科と外科、歯科などの医療保護、生業資金、信用組合、授産所などの経済保護、さらに館内施設の貸し出しなど、考えつくだけの分野をカバーしていた。

というのも、市民館の足下には、本庄・長柄《ながら》の木賃宿が工場と軒を接するように数多く建ち並んでいたし、近隣の舟場《ふなば》部落にしても、次のような状況で、まさに警察署長みずからが対策に乗り出す教化の対象として認識されていたからである。

曾根崎《そねざき》署詰細民部落改善主任伊藤弥太郎氏ノ官舎所在ノ地ニシテ特ニ詳細ノ調査物アリ此ノ二地域住民七百二十五人中ノ児童数百五十六人中公立小学校ニ入学シツ、アルモノ僅カニ四十七名ニシテ残リノ大半ハ親ノ職業ヲ助ケテ市内各所ヲ転々営業ス他ノ大半ハ家ニ残リ「ベツタ」其他賭博《とばく》ニ類スル悪戯《いたずら》ニ耽《ふけ》リツ、アリ……是等ノ児童ハ大部分親ノ手伝ト云フヨ

リハ親ノ犠牲トナリテ職業ニ従事スルカ然《しか》ラサル者ハ家ノ周囲ニ三々五々相集リテ悪戯ヲナスヲ常トセリ

（大阪市教育部『大阪市ニ於ケル細民密集地帯ノ廃学児童調査ト特殊学校ノ建設ニツキテ』一九二一年）

こうした地域の実情をもとに具体的な対策にあたっていた館長の志賀は、みずから当該地の天神橋筋六丁目に居を構え、公営セツルメントの重要性を学術雑誌などで繰り返し説き、相互扶助と協同組合主義を推奨していった。その後一九三五（昭和一〇）年五月に館長を退任すると同時に第三代大阪市社会部長に就任するが、一九三八（昭和一三）年四月に体調が悪化して急逝する。享年四七歳、まだまだこれからの人生だったといえよう。

＊

山口 正　1887.6.15～1943.12.5

山口正は志賀に比べれば、その知名度は低いかもしれない。ゆえに経歴をかんたんに紹介する。一八八七（明治二〇）年六月に大阪府泉北郡美《み》木多《きた》村（現・堺市）に生まれた山口は、旧制中学校までを大阪で過ごし、広島高等師範学校を卒業後、京都帝国大学文学部哲学科（社会学専攻）に進学、帝大卒業後には宮崎中学校教頭となるもわずか一年足らずで辞任し、大阪市の視学官（教育行政官）となる。一貫して教育畑だったが、一九一九（大正八）年に大阪市労働調査係（市長直属部局）主任となって以降は、社会事業分野へと転身する。大阪市社会部（天野時三郎初代部長）のもとで労働調査課長に就任し、さきにみた市民館の開設に参与したほか、一九二五（大正一四）年七月からは大阪市社会部長に就任する。

山口はその旺盛な事業企画力と緻密な論理構成力で、かなりの数の論文や単行本を著している。なかでも『社会事業研究』（一九三四年）は、彼の社会事業論の集大成のような位置を占めている。そこでは、社会事業の概念を「社会事業とは社会的及び政治的動機に基き、現に生活難に陥り又は将来陥る虞《おそれ》のある個人又は社会に対し、全体社会の調和的発達を企図する社会進歩主義のもとに、公共の福利を目的として保健上道徳上又は経済上等人間生活及び社会生活の各方面を計画的に救済し又は予防する為に、公私の組織的非営利的努力である」としており、社会事業の任務については、「差別を受けつつある地域的社会、貧困者の密住群居する細民住居地帯、来住せる朝鮮人の血縁社会並に貧困のため生活する能はざるもの、精神上若くは身体上の障碍《しょうがい》又は幼弱、老衰、出産のため労力を行ふに故障ある人々、即ち保護の必要ある個人や集団を保護するもの」と明言している。つまり、公共の福利が直接の目的であり、なおかつ、すでに生活難におちいり、または将来おちいるおそれのある状態にある集団、または個人が対象だと考えていたのである。

*

こうした理論は、大阪市会での答弁で具体的に語られている。たとえば、融和問題（天皇のもとで部落と部落外とがともに手をとって差別をのりこえるという考え方）について、一九二九（昭和四）

年の本会議で、大阪市内の住吉部落での融和事業の実施状況を具体的に述べたあと、次のように続けている。

此ノ融和事業ニ就テハ包括的ノ一般ノ仕事ヲシナケレバナラヌノデアリマス、……経済的ノ施設以外ニ精神的ニ差別撤廃ノ観念ヲ養成スル、或ハ人格ノ修養、品性ノ向上ト云フヤウナ精神的ノ運動迄モ行ハントスルノデアリマス、従来ハ多ク経済的ノ方面カラ部落改善ト云フヤウナ言葉ガ使ハレ、今日ハ寧ロ精神運動デアルト云フ風ニ高潮サレテ融和施設、融和事業ト云フ言葉ガ使ハレテ居ルノデアリマス、言葉上融和事業、融和施設ト云フ方ガ気持ガ良イノデアリマスカラ現在デハ融和施設融和事業トシテ居ルノデアリマス

（『大阪市会会議録（昭和四年）』）

物質的な「改善事業」に代わって、精神修養面を重視する「融和事業」を尊重するという立場である。帝大時代に部落出身の恩師・米田庄太郎に師事していた山口にとって差別問題への関心は高く、問題解決の視点は自然と取得されていたのかもしれない。

社会調査をもとに具体的な事業を展開する山口の方法論は、日雇い労働者の待遇改善にも向けられる。日雇い労働者の労務形態が請負仕事に大きく依存していたことから、当時あらゆる業種で横行していた「頭刎ね（ピンハネ）」の解消策にも乗り出す。その方法として「小頭」あるいは「世話役」を置いて自治的かつ秩序的な労働形態を整備するとともに、現行の労働紹介所（職業紹介所と違って日雇い労働を専門にあっ旋する）の機能充実による仕事形態の改善をめざす一方、一九二三（大正一二）年の昭和信用組合の設立を皮切りに、各種保険の施設、授産所の設置、賃金

支払い制度の改正、賃金立替機関の設置などを進め、福利増進施設を増設するなどし、翌二四（大正一三）年には大阪市労働共済会を創設するにいたる。

まさに〝大大阪〟（一九二五年四月の第二次市域拡張の結果誕生した新生大阪市の通称）の社会事業（政策）を一手にになう立場にあり、山口の社会事業論が社会調査とともに全面的に開花していたが、一九三五（昭和一〇）年四月、時の關一《せきはじめ》市長の死去を契機に職を辞する。そして、病気療養後の一九四三（昭和一八）年師走に息を引き取った。志賀も若くして早世したが、山口もまた五五歳という齢《よわい》だった。

避病院と済生会

近代の都市を悩ませた重大な問題にコレラの発生がある。一度猛威を振るうと止めどなく蔓延し、悪事がはびこることを表現した「猖獗《しょうけつ》を極める」などと記されるほど死者が増大したことから、近代社会を震撼させた伝染病である。「コロリ病」などと、罹患から死を迎えるまでの時間の短さでも恐れられていた。

大阪でも一八七七（明治一〇）年の大流行にあわせ、北区にある天台真盛宗の鶴満寺《かくまんじ》（山号・雲松山）に仮避病院が設置されたが、キャパシティに限界があり、難波村・野田村・長柄《ながら》村・市岡新田（いずれも西成郡）の四カ所に避病院が増設される。しかし、続く一八七九（明治一二）年にも全国的に大流行したため、患者収容に限界が生じてしまう。流行の沈静後は難波村避病院と長柄村避病院だけが残り、一八八五（明治一八）年に天王寺避病院（東成郡天王寺村）が新設されると、難波村の避病院は同年に、長柄村の避病院は翌年に取り壊しの処分にあう。

コレラの記憶や痕跡を消し去ることがいかに大々的におこなわれていたかを示す事例であるが、獰猛《どうもう》な虎の描かれた錦絵とともに「虎烈刺」「虎狼痢」などのあて字が当時のメディアを騒がせ、「Q」の文字（元来「検疫」を表す用語で、「隔離」の意味に転化したクワランティーンの頭文字）が記された紙切れなどがコレラ患者の自宅前に掲げられ、あからさまな消毒や、往来を遮断して強制隔離がおこなわれた。大都市行政のみならず、コレラに対する世相の恐怖心を想像するに難くない。

＊

当時は、西南戦争を最後に士族反乱が一段落していたから、コレラ対策には軍隊もかり出された。大阪城趾に拠点を構えていた陸軍では臨時病院を開設し、鎮台の周辺および第四軍管の管轄域に養生室や専用の病室を急遽《きゅうきょ》しつらえ、患者の収容と治療にあたった。

その後、既設の天王寺に加えて、一八八六（明治一九）年に本庄（西成郡豊崎村）、千嶋（西成郡川南村）、桃山（東成郡天王寺村）にそれぞれ避病院が開設されたことによって、防疫型の衛生行政は一段落した。このうち、桃山筆ヶ崎《ふでがさき》の桃山避病院は当面は区部（市内）専用で、流行病にあわせて臨時に開設する病院として運用されることになった。

この桃山という地は、江戸時代の『摂津名所図会《ずえ》』（一七九六〜九八年）にも登場し、「百済野《くだらの》」「桃山」「味小原」などと称される風光明媚《ふうこうめいび》な景勝地であったようである。古地図にはわずかな田畑などしか描かれていない土地柄だが、一円が桃畑で晩春には紅色の花が咲きほこったとも記されている（『摂津名所図会大成』一八五八年）。かの福澤諭吉も緒方塾（適塾）で塾長となってから、書生一四、五人と連れだって「三月桃の花の時節で、大阪の城の東に桃山と云ふ処があって、盛りだと云ふから花見に行かう」というので「魚の残物」「氷豆腐」「野菜物」に酒を買って見物に出かけたと述懐している（『福翁自伝』一八九九年）。牧歌的な陽光の景勝地こそが、流行病の治療と療養に最適な場所とされたわけである。

＊

さてその後、天王寺避病院は一八八九（明治二二）年に大阪市立天王寺病院に、桃山避病院は大阪市立桃山病院に名称変更して大阪市営となり、本庄、千嶋の両病院の大阪市への移管を待って大阪市立桃山病院（本院）（MAP B❶）へ一元化された。ほかの三病院はそれぞれ分院と位置づけられたが、本院以外はほどなく廃院となる。当初コレラ対策にあたった病院も、一般医療対策の役目さえ終える運命をたどったのである。

ちなみに、大阪市立桃山病院に近接して一九〇九（明治四二）年には大阪赤十字病院（MAP B❷）も開院することになり、この地はにわかに療養地となっていく。そして、大阪市立桃山病院は現在も大阪市立総合医療センター（都島区）として、大都市の医療制度を総合的かつ根底から支える存在であり続けている。

＊

たび重なるコレラ流行が落ち着いたころ、今度は都市に特有の貧困家庭の治療や労働災害の施療が課題となってきた。それにはどうしても公的な医療機関の存在が必要不可欠となる。そこで貧困家庭が多く居住する北区の本庄・長柄地域に、済生会本庄診療所（MAP A❺）が開設される。この地域には舟場《ふなば》部落や木賃宿街が密集し、同じく市内南西部の日本橋筋や長町（名護町）界隈と同様の、いわばスラム街化が進行していた。居住環境をはじめ衛生状態なども悪く、かの横山

済生会中津病院（1970年代）

源之助（天涯茫々生）もまた、一八八九（明治二二）年に上梓したルポルタージュ『日本之下層社会』のなかで、「貧民」社会の生活実態を「日稼人足」「人力車夫」「屑ひろい」などが多数を占め、賃金も安い労働がほとんどであるがそこではもめごとが絶えないものの、葬祭など非日常の出来事が発生した場合には相互扶助の精神が働くことを評価した。本庄・長柄はまさにそうした共同体のひとつであった。病が流行すると、当然の成り行きで、日常生活を直撃することになってしまう。

*

そこで、明治天皇の「勅語」（一九一一年）をうけて、「施薬救療以テ濟生ノ道ヲ弘《ひろ》」めることを目的として創立された恩賜財団済生会の具体的な事業が展開されることになる。そのなかで、一九一二（明治四五）年五月に同会を所管する内務省から大阪府が事業を依嘱され、翌一三（大正二）年に今宮、一四（大正三）年に本庄、西浜に診療所を開設、一六（大正五）年一〇月に済生会大阪府病院（MAPⒶ❻）が大阪市北区芝田町で開院した（このとき本庄診療所は廃止）。これにより、大阪市内はもとより府内全域を対象とする広域医療財団が本格的に始動することになった。

この済生会の初代会長に就いたのが、時の首相・桂太郎である。弘化四（一八四八）年に長州藩に生まれた桂は戊申《ぼしん》戦争にも参加した経験をもち、明治維新以後の政権では軍事畑をひたすら歩いてきた人物である。西園寺公望《さいおんじきんもち》とともに桂園《けいえん》時代を築いていたが、第一次憲政擁護運動（護憲運動）のなか、いわゆる「大正政変」で辞職した。軍備増強、日露戦争、韓国併合、社会主義弾圧などをおこなった人物として著名である。その桂が済生会設立に際して、民間からの寄付金を頼って資金集めに奔走《ほんそう》したとされている。済生会創設のわずか二年後の一九一三年に世を去るが、帝国日本の軍人であった桂が医療機関を通じて国民統合を図ろうとした点は興味深い事実である。

桂 太郎　1848.1.4 ～ 1913.10.10

＊

済生会では、このほかの部落においても医療行為を積極的におこなっていた。一九一五〜一七（大正四〜六）年にかけて調査して、一九一八（大正七）年に大阪府救済課がまとめた『部落台帳』には、「済生会施療」という項目が立てられている。その拠点のひとつが、西浜診療所（浪速区西浜中通一丁目）であった。

敷地面積四四坪、建坪三九坪には医員兼務の所長はじめ三人の医師と三人の看護師が詰め、日々の施療にあたっていた。都市部に立地していたこともあり、一日平均の診療者数も大阪府病院、今宮診療所に次いで多く、一九三一年度では、新患・再診あわせておよそ二六〇人と、事業規模のわりに受診者があいついでいた。皮革産業が基幹産業となっていた西浜部落とその周辺では、患者には関連産業による罹患者が多く、「皮革、骨、羽毛品類製造ニ従事スル者」として記録されているのは、一九三五（昭和一〇）年時点で男女あわせて、外来・往診・巡回など新患で四六六人（うち三人死亡）、入院患者で同六九人（うち一人死亡）となっている。

済生会医療の特徴は、方面委員などを通じて、施療を必要とする人に「治療券」（甲号＝同会直営券、乙号＝市部委託券、丙号＝郡部委託券の三種）を交布して、貧富にかかわらず、施療を合理的に普及させていったことである。こうした総合的な施策が功を奏し、部落でも都市、農村にかかわらず、済生会方式の医療が定着していったといえる。西浜部落では、この「治療券」が一九一五〜一七年の三年間で延べ一四四四人に交付されている。財団運営の医療機関は、こうして部落での治療機会を増やしていったのである（大阪府編・刊『恩賜財団済生会大阪府施設概要』一九三五年）。

＊

済生会はここにみたように、早くから今宮、西浜（以上、一九一四年）、九条《くじょう》（一九一五年）、西野田（一九一七年）など日雇い労働者、港湾労働者、皮革産業労働者の多くが生活拠点とする地域内に診療所を設けていたが（『大阪慈恵事業の栞』一九一七年）、このうち、今宮診療所はながく浪速区内にあり、戦後、西成区の釜ヶ崎《かまがさき》に移転した（ちなみに、本拠の済生会大阪府病院には一九二一年にサントリー創業者・鳥井信治郎《とりいしんじろう》から白米や病棟などが寄贈されている）。

釜ヶ崎の今宮診療所（MAP D⑨）では、日雇い労働者街に特有の困難な問題が山積しており、一九六〇年代に入ると、済生会による医療行為はなかばお手上げの状況にあった。常勤の医師もおらず、看護師や関係者は日々の業務に疲れ、みな困り果てていた。そしてこの今宮診療所に、一九六三（昭和三八）年の正月にひとりの医師が赴任してくる。のちに釜ヶ崎の誰からも〝赤ひげ先生〟と親われることになる本田良寛《ほんだよしひろ》である。

善隣館と愛染園

およそ一〇〇年前に人工の河川として敷設された淀川は、いまも蕩々《とうとう》とその流れをとめていない。その川のほとりに位置する光徳寺（山号・房崎山、真宗本願寺派）では、仏教セツルメント（地域密着型の社会事業）の先駆け的存在である善隣館（MAP Ⓐ❼）の開設から九〇年あまりが経過した。

一九二一（大正一〇）年五月に産声を上げた善隣館は、一九二六（大正一五）年五月から幼稚部を設け、乳幼児保育事業、クラブ活動、授産事業などを本格的に始動している。その活動を主導したのは、大阪が輩出した近代画家の佐伯祐三（三〇歳でパリにて客死）の実兄で第一五代住職の佐伯祐正《さえきゆうしょう》である。

祐正は、一八九六（明治二九）年二月に光徳寺の長男として生まれ、京都の平安中学校（現・龍谷大学附属平安高校）から仏教大学（現・龍谷大学）へ進学する。もともと弟・祐三と同じく芸術の道（音楽）を志していたが、父の死去によって法燈の継承が確実となり、初期社会事業の流れに棹《さお》さすひとりとなる。一九二一年にはすでに光徳寺を開放してセツルメントの実践をおこなうかたわら、欧米視察の途につき、各国のセツルメントを積極的に巡検してまわった。帰国後は、北市民館の初代館長・志賀志那人《しがしなと》に知人を介して面会し、大阪社会事業連盟研究部で活動をともにした多くの社会事業家と懇意となり、活動実践を積んでいく。

＊

この善隣館の活動については、志賀もその論文「隣保事業の一方面に就て」のなかで「中津町の光徳寺のごときは、寺院其者を一《ひとつ》の隣保的機関として、極めて便利な方法で附近の市民に提供し、附近の人々と共にこれを経営するやうな方法をとり、将来の発達を今から思はしむるものがある」と高く評価している。祐正がこの地でセツルメントの運営を手がけるきっかけは、やはり中津一帯の貧困と部落の生活環境（衛生面・教育面・住居面）などの問題が、東に接する本庄・長柄地域と同様に存在していたからであろう。対象となる「無産大衆」の文化水準を高めて生活を輝かしいものとするための「自覚的・教育的運動」として、社会事業を定義する祐正ならではの思想がそれを支えたということになる。

佐伯祐正　1896.2.14 ～ 1945.9.15

ちなみに、神戸を拠点に社会事業を旺盛に展開した賀川豊彦《かがわとよひこ》も『貧民心理の研究』（一九一五年）のなかで下三番《しもさんばん》部落についてふれている（地名を誤解してはいるが）。

＊

大阪府救済課が三年を費やして、府内の農村および都市の部落を踏査して悉皆《しっかい》調査をおこない一九一八（大正七）年にまとめた『部落台帳』には、下三番部落の項目がある。それによれば、「風俗」は「居常に不潔を意とせざる点及貯蓄心乏しきも一般に性質順良」で、「言語」は「野卑なるも甚しき訛言なし」とされている。さらに、「衣服」は「下級民も着替を有せざるものなきも尚習慣的に不潔のものを着用」しているとある。この調査と前後して、財団法人下三番青年会（一九一二年四月発足、一四年八月二八日法人認可）が「住民六十戸を糾合し、地方改善を目的として」（寄附行為）結成され、初代会長に田中善三郎を選出し、精神修養（本願寺本尊の安置）、教化遷善（講話会・日曜学校の開催）、衛生思想（共同浴場の設置）などをおこなっている、と記されている。

一方、全国水平社（一九二二年三月三日結成）傘下の組織として、下三番水平社が一九二二年一二月一〇日に結成され、富山富之助、阪口佐八郎、松田隆三、池田甚之助、辻庄一郎らが中心となって活動をおこなった。

祐正は、そうした地元での双方の活動の実態を熟知していたようで、その著書『宗教と社会事業』（一九三一年）のなかでも、水平運動を「人格の恢復《かいふく》」に向けた「日本文化の発達を示すもの」と高く評価し、一方で「智と愛と涙との結合による不合理なる差別観念の打破」のための融和事業として、「寺院の隣保事業的努力」が重要だと指摘している。僧籍にありつつ社会事業を志す者として、部落問題についてかなりの理解があったことがわかる。アジア太平洋戦争での負傷が原因で、一九四五（昭和二〇）年に他界した祐正の遺志は、現在も同地で活動する中津学園に引き継がれている。

＊

祐正とならんでセツルメントの立ち上げに寄与した人物に石井十次《いしいじゅうじ》がいる。しかし、祐正と十次に実際の交流があったわけではない。祐正がセツルメントの運営を志すころ、十次はすでに他界（一九一四年）していたからである。二人は、偶然にも都市大阪の北部と南部で活動を志し、まさに共鳴していた。

慶応一（一八六五）年に日向国児湯《ひゅうがのくにこゆ》郡上江村馬場原（現・宮崎県高鍋町）の下級武士の家に出生した十次は、四歳の時から就学し、一五歳まで儒学教育をうけた。一八七九（明治一二）年から翌八〇年には東京市芝区の攻玉舎中学に在学したものの、脚気《かっけ》のために帰郷することになった。その後、紆余曲折を経て、一八八九（明治二二）年には慈善会や日本孤児教育会の「趣意書」を起草するなど、孤児の教育について構想を固めている。孤児教育会は同年末に設立されるが、具体的に翌九〇年の岡山孤児院の設立へとつながっていく。この岡山孤児院はのち一九〇二（明治三五）年には大阪出張所を設け、一九〇九（明治四二）年には高津入堀川にかかる南区愛染橋《あいぜんばし》西詰の修繕を終えた借家で、岡山孤児院附属愛染橋保育所と愛染橋夜学校（MAP B③）を開設するにいたる。さらに、その付近には同情館を設立し、無料職業紹介、宿泊施設、往診、試薬など貧窮者の保護をおこなった。

石井十次　1865.5.5～1914.1.1.30

十次のこうした活動の数々については、同時代の社会事業家の記録にも紹介されているし、現代の社

愛染橋夜学校の校舎（1910年代）

会事業研究者のあいだでも実に多くの論文が発表されており、研究者による単著も少なくない。本章では、愛染橋夜学校が開校された日本橋地域の当時の生活実態と、下層社会での出来事にだけ焦点をあてたい。

＊

江戸時代から大坂市中にありながら、その地形にも由来して長町（名護町）と称されきた日本橋筋一帯は、紀州街道沿いであったため、木賃宿や旅人宿（旅籠《はたご》）が多く軒を連ね、市中への往来で繁盛していた。その一方で「貧民」や「窮民」も多く住むようになったことから、「犯罪の巣窟《そうくつ》」としてのスラム街として名を馳せるようになる。当時の調査に記録された裏長屋は、「八十軒長屋」「新八十軒」「桃木裏」「燗的裏」「豚屋裏」「芋屋裏」などで、生活実態は次のように記されている。

　彼等ノ職業ハ地域ニ依リ多少異ナレトモ、大体ヨリ云フトキハ、衛生人夫、屑物選工、屑拾ヒ、屑物行商、有価物選工、手伝、鉄工、錻力《ブリキ》工、等ニシテ、其収入ハ男一人三円五拾銭乃至一円五拾銭位ナリ、中ニハ五、六円ノ収入アルモノモアリ、彼等ノ娯楽ハ飲酒、賭博、活

MAP B

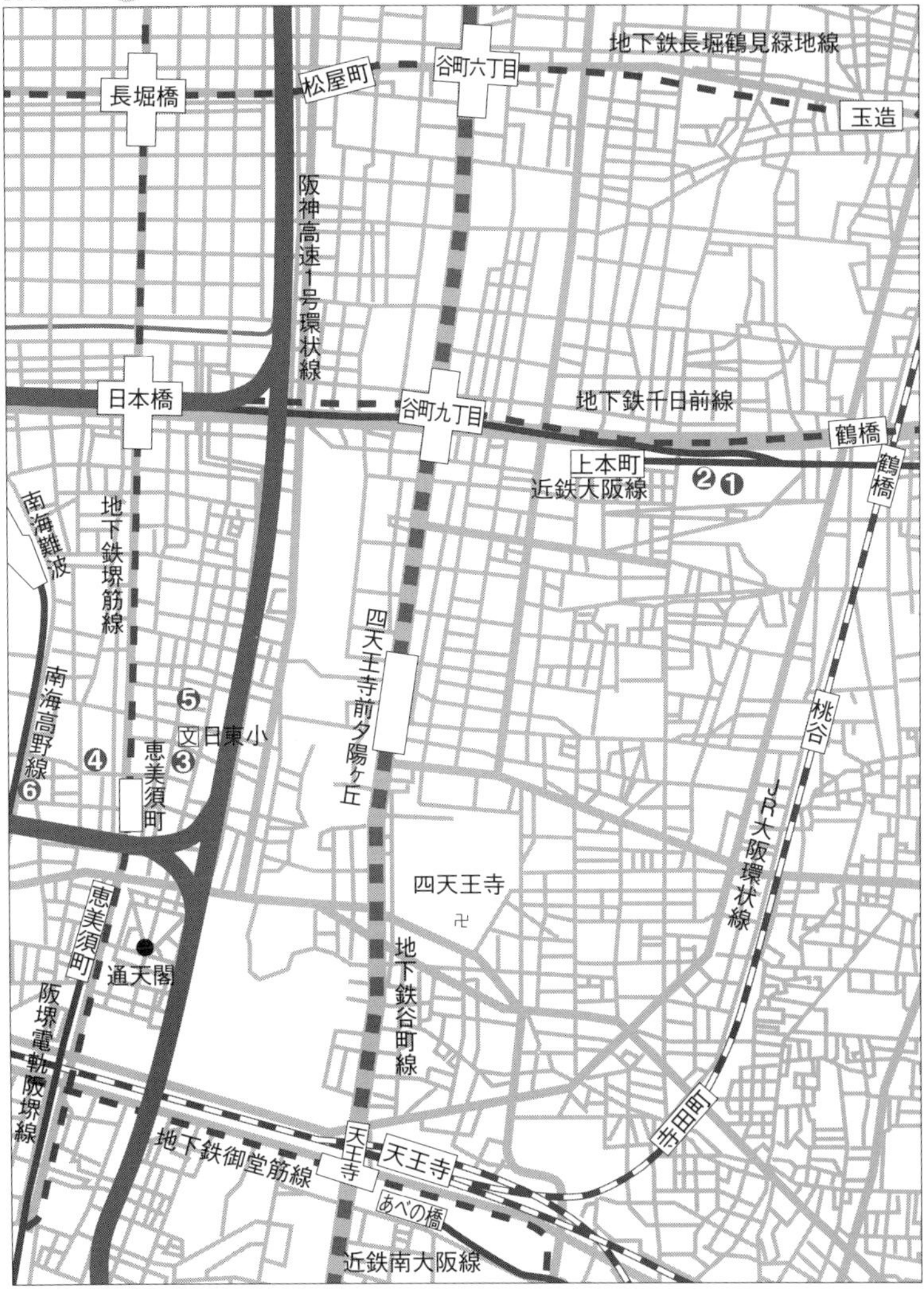

❶大阪市立桃山病院跡　❷大阪赤十字病院跡　❸旧愛染橋夜学校・保育所・病院跡　❹愛染橋病院　❺愛染橋保育園　❻旧徳風小学校跡（現・大阪市立広田保育所）

動写真ナリ

（大阪市教育部『大阪市ニ於ケル細民密集地帯ノ廃学児童調査ト特殊学校ノ建設ニツキテ』一九二一年）

こうしたスラム街は、行政によるクリアランスの対象として選定されていき、地域の有力者や警察によって、強制的に排除されてしまう。新聞記事では、長町（名護町）周辺の村々へ「貧民」が移住し、「新名護町」「第二の名護町」を創り出していることを報道している。

南区日本橋筋三四五丁目は現今長屋の建築改造中なるが同所に住みゐたる貧民等は、遂に行き所のなきより皆な木津村又は難波村の方へ同居なし一戸六畳一間位の家に夫婦三組居住なし居る趣きにて……此等の貧民は一人にて一戸を借り受くる資力なきより何れも合同居をなし多きは四五組も一戸に同居するもありて、右の貧民等は近来種々なる醜態を現はし見苦しき事のみなすの計りか、追々悪徒さへ集り来るよりも、昨今右等の村内では新名古町の放逐論盛んなりと。

（『大阪毎日新聞』一九一七年）

また、日本橋筋を一歩東へ入ると、かつては日東町《にっとう》といわれた地域になり、一九二七（昭和二）年の不良住宅地区改良法の施行前までは、「桃ノ木裏」「下駄屋裏」といったスラム街が広がっていた。一方、西側には、東関谷町の「五階跡南裏」「芋屋裏」「鶴屋裏」「竹屋裏」などの裏長屋が密集していた（『不良住宅ニ関スル資料』一九二一年）。

＊

キリスト教の神の愛と隣人愛にもとづく思想に支えられた十次の志は、残念ながら一九一四（大正三）年、四九歳なかばでとぎれてしまうが、その遺志を継いで大原孫三郎・冨田象吉《とみたしょうきち》らが石井記念愛染園を設立し、引き続き、夜学校、保育園の運営に尽力することになる。さらに、少しのちのことになるが、地域の医療拠点の必要性が高まったことで愛染橋病院（MAPB❹）（一九三七年）が開院されている（現在は移転）。こうした保育、医療などの諸施設の事業は、時が流れた現在でも発祥の地にほど近い場所で、今なお継承されている（MAPB❺）。

太鼓と皮革

私たちが普段目にする打楽器のひとつ、太鼓。バチで叩く部分（唄口）に使用される牛皮の製造は、江戸時代、それよりはるか以前から被差別身分の人びとによってになわれ、技術が伝承されてきた。その生産地のひとつである浪速部落を訪ねてみよう。古くは渡辺村と称し、近代では西浜部落（西浜町と木津北島町との総称）と呼ばれていた。

もともと渡辺村の起源は、坐摩《いかすり》神社（現在、中央区にある「摂津国一宮」）のあった「渡部の里」にあるとされており、大阪築城の際に坐摩神社とともに移転させられ、城下町の拡張整備により数度にわたる移転を繰り返し、天正年間には「天満・福島・渡辺・博労《ばくろう》・三ツ寺」の五カ所に分散して住んでいたと推定される。その後、西成郡下難波《しもなんば》村の領内を経て、元禄一四（一七〇一）年以降に同じ西成郡の木津村領内に移り住んだとされている。

その後、宝永三（一七〇六）年には屋敷割（住居の割り振り）が完了し、水帳（人別帳）や絵図も作成された（『摂津役人村文書』）。屋敷地は、かつて下難波村領内にあったころから、地子免除（地代の免租）された土地と、年貢や役目の対象となる土地があったようで、村の周囲には堀割がめぐらされており、とくに、西側には十三間堀川《じゅうさんげんぼりかわ》が流れ、浜津橋（MAPＣ❶）、万歳橋（MAPＣ❷）、琴江橋（MAPＣ❸）がかかっていた。

水運（水路による交通や運搬）が日常的な生活や皮革業と深く結びついていたことをうかがわせる。一方で、木津村と結ばれていたのは、唯一「渡辺道」（MAPＣ❹）と呼ばれるあぜ道だけであった。

＊

年貢などは木津村を通じて上納されるため、本村と枝郷といった関係にある一方で、大坂町奉行所のもとで天満組の支配をうけ、司法警察の末端に位置づけられる役負担もあり、市中の火消人足に動員される代わりに、その助成として市中に「小便担桶《しょうべんたご》」を設置して排泄物を肥やしとして売却し換金する特権などももっていた。このほか、市中のさまざまな役目をこなしていたため、「摂津役人村」と自称することがたびたびあった。全国に名を馳せていた「和漢革問屋」のほか、太鼓屋又兵衛など太鼓製造業者（MAPＣ❺）もおり、西日本屈指の皮革の集約・生産地として江戸・浅草と比肩する村であった。この地には、はるばる薩摩国給黎郡知覧郷《さつまのくにきいれぐんちらんごう》（現・鹿児島県南九州市）から牛の骨を求めて仲覚兵衛《なかかくべえ》（MAPＣ❻）らが海路で訪れ、牛骨を骨粉《こっぷん》に精製する技術を開発するなどしたという。いまの再生資源活用産業の先駆けである。

太鼓屋又兵衛ほか豪商といえる人びとについて、武陽隠士《ぶよういんし》『世事見聞録』（一八一六年ごろ成立）のなかの「穢多《えた》非人之事」に次のように記されている。

凡《おおよそ》七十萬両程の分限にて、和漢の珍器倉庫に充満し、奢侈《しゃし》大方ならず。美妾女も七、八

MAP C

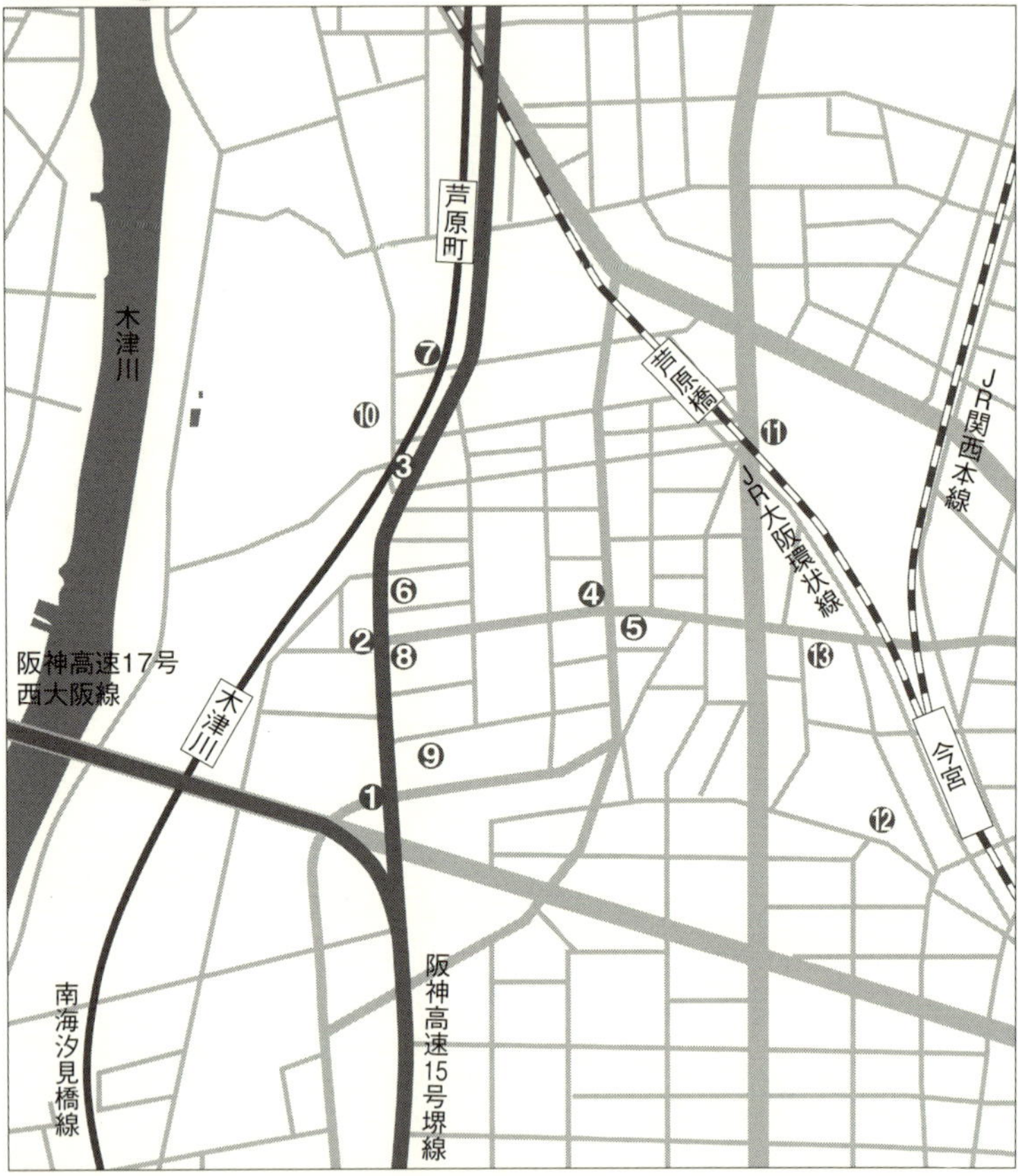

❶旧浜津橋（十三間堀川）❷旧万歳橋（十三間堀川）❸旧琴江橋（十三間堀川）❹渡辺村道の記念碑 ❺太鼓屋又兵衛屋敷跡 ❻仲覚兵衛の記念碑 ❼新田帯革跡のレンガ壁 ❽栄小学校第二期校舎跡（現・浪速神社）❾栄小学校第三期校舎跡 ❿新田帯革本社工場跡、栄小学校第四期校舎跡 ⓫栄第二小学校跡（現・栄小学校）⓬有隣小学校校舎跡 ⓭西浜水平社発祥地の記念碑

ありと云ふ。是《これ》に継ぎたるもの段々ありて豪福数十人あり。

自由に使えるお金が七〇万両もあるということだが、「ねずみ小僧」の担ぐ千両箱を想い起こしただけでもその多額さは想像を絶する。珍品などを蒐集する贅沢三昧の生活だと記されており、代々世襲されてきた又兵衛ら数人の豪商は別格としても、渡辺村はたしかに裕福であったことは間違いないようである。

＊

明治四（一八七一）年八月二八日の「賤民廃止令」を「其《その》よろこびかきりなし」とうけ取った渡辺村の人びとは、町じゅうの太鼓を打ち鳴らして歓喜に沸き返ったという（『近来年代記』）。

このころ一時、南町と称していたから、のちにもその呼称が使われることがあり、近隣の木津村出身の作家・折口信夫《おりくちしのぶ》も「所謂《いわゆる》「木津や難波の橋の下」と謡はれた、鼬川《いたちがわ》といふ境川一つを隔て丶、南区難波、即《すなわち》、元の難波村と続いてゐる。東は今宮、西は南町《みなんまち》と言ふ、かの渡辺で通った、えた村」と、わざわざ賤称を使って記している（『折口といふ名字』一九一八年）。渡辺村では「学制」発布の一八七二（明治五）年よりも早く、全国に先駆けて学校教育に取り組む。まず、時の大阪府へ小学校建設の嘆願書を提出した（一八七一年）。そのなかには皮革商高の「八十分之一」を積立金として原資にあてるなどの経営方法が具体的に記され、認可はすぐに下りた。念願の小学校は徳浄寺（真宗本願寺派）を仮教場にして、「学制」発布よりも早く一八七二年七月二日に創立された。これが現在まで続く大阪市立栄《さかえ》小学校のはじまりである。

こうして幕開けした西浜部落の近代皮革業は、東京において西村勝三《にしむらかつぞう》のもとで皮革製造を学んだ谷澤利右衛門が、一八七三（明治六）年に起業したことにはじまるとされている。その後一〇人あまりが近代型皮革業に新規参入し、近世以来の伝統的鞣《なめ》し業が一時衰退した。しかしその後、近代的製法において成功した業者が組合を設立する一方で、伝統的鞣し業も回復に向かったようである。一八八七（明治二〇）年時点で西浜部落の近代的製革工場数は五工場であったが、一八九五（明治二八）年には日清戦争の軍需景気により、一四工場に増加していた。生産量でみると、一八九三年の統計によれば、三一人の皮革製造業者の年間生産量は、国産牛革（牡牝）、朝鮮牛革、仔牛皮（国内産・朝鮮からの輸入）あわせて五万三四六〇枚で、金額に換算して一五万九七一四円四〇銭にのぼっていた。これは、全国の生産高の約三分の一を占めることになる。

西浜部落における近代皮革業の隆盛は、最盛期の製革工場数五四という数字にも端的に表れており、多くの職人を抱える工場として井野清二郎（五〇人）、合坂五兵衛（三五人）、篤田次郎兵衛（二五人）、岩田光蔵（同）、奥田禎助（同）らの名があがっている。西浜部落全体の製革職人数も、一八八四年に三二六人であったが、一九〇〇年には一一九七人、一九〇五年には二〇四九人に激増している。ただ、皮革産業の繁栄は流通部門や製靴部門に依っていた、とのちに評価されている。

＊

なかでも、のちに動力用ベルト（工場などの電力源の一部となる革ベルト）の生産で名を馳せる新田帯革《おびかわ》製造所がこの地で創業したことは、どうしても紹介しておきたい。同社の職人であった板東富夫がのちに編んだ『回顧七十有七年』（一九三五年）をもとに、創業者・新田長次郎の生い立ちから同社の創業と初期の事業を概略整理すると、次のようになる。

長次郎は、安政四（一八五七）年五月に愛媛県温泉郡山西村（現・松山市）に生まれた。青年の一時期、和歌山の「皮革製造所」に「職工」として籍を置いていたが、一八七七（明治一〇）年四月に来阪し、西尾質店に入店したのち、創業まもない藤田組製革所（藤田伝三郎、一八八七年創業）へ「見習職工」として入所した。ここには、和歌山の「西洋沓《くつ》仕立並《ならび》鞣革《なめしがわ》製作伝習所」の元「職工」が多かったとも回顧している。藤田組在籍のあいだには、大阪製革会社に「期間見習」として派遣されてもいる。一八八〇年の春には、藤田組を退職し、銀打の職人となったのち、袋物商を営む。一八八二年一〇月に大倉組製革所（大倉喜八郎、一八七三年「大倉組商会」として創業）へ「見習職工」として入所し、ふたたび皮革業界に身を置くことになる。

新田長次郎　1857.6.20～1936.7.17

*

新田帯革は、一八八五（明治一八）年三月に、十三間堀川に面して利便性が高いことから西浜町の北に接続する難波久保吉町の材木商の所有地を借り入れて創業された。この時はまだ、「新田組」と称し、有力な皮革問屋であった吉比為之助《きびためのすけ》（吉比商店）との取引関係を築き、吉比はもとより彼と縁の深い由《ゆ》良《ら》小一郎《しょういちろう》（由良商店）や赤井嘉助《あかいかすけ》の三人とともに運営にあたり、資金援助や業界情報の共有化を円滑に

新田帯革工場での革ベルトの製造（1930年代）

進めた。この新田組は、諸般の事情によりのちに解散し、長次郎単独経営の合資会社新田帯革製造所の設立（一九〇九年）へとつながるが、新田組時代の経験は、その後の長次郎の精神的かつ財政的支柱となった。この間、長次郎は手を抜くことなく研鑽《けんさん》を積み、亀山（三重）、福知山（京都）、篠山（兵庫）にまで足を伸ばして牛革商を訪問している。そして、一八八七（明治二〇）年には一回目の工場拡張をはたし、以後、八七年三月一八日を独立創業の日としてながく記念していくことになる。翌八八（明治二一）年以降、のちに新田ブランド「地球印」で名を馳せることになる国産帯革の製造に着手する。原材料として、初めは厚手牛革を用いたといい、販売先は、当時急成長をとげた紡績業最大手の大阪紡績会社や姫路紡績会社であった。

これにともなって業容《ぎょうよう》の拡大が見込まれ、三度の工場拡張をおこない、一八九二（明治二五）年には工場棟の建設に取りかかる一方で、幼少期に培った向学心に押されて海外視察にも積極的に出かけていく。一八九三（明治二六）年五月から一一月までの半年間を費やして、ロンドン、パリなどを視察した新田は、帰国後に、座業から立働への転換、機械の購入を考案し、作業方法の改良に取り組んだ。紡績工場からの依頼で、新たな製造方法を考案するのもこのころで、あわせて、ボイラー室と鉄工部の新設、工場棟の増築など、まさに順風満帆の経営をおこなっていく（MAP C⑩）。その一方で、新田はのちに大阪市の社会事業や警察による感化救済といわれる政策にあわせて、私財を投じて私立有隣《ゆうりん》小学校（MAP C⑫）を設立する。新田帯革製造所の往事の面影は、ＪＲ環状線・芦原橋駅近くの自動車教習所の一部に残るレンガ壁（MAP C⑦）に残されている。

公教育と私教育

近代初頭から学校教育に熱心であった西浜部落（西浜町と木津北島町との総称）では、公・私ともに多くの学校があった。まず公教育の歴史をひもといてみると、次のようになる。

「学制」発布前夜の明治四（一八七一）年九月、全国に先駆けて学校教育に取り組みはじめていた大阪府に対して、のちに西浜町と称する渡辺村は、小学校建設の嘆願書を提出した。皮革業で得た利益の八〇分の一を積立金として創立の原資にあてることなど計画的な経営方針であったこともあり、学校設立の認可はすぐに下りた。これによって、小学校は徳浄寺（山号・龍華《りゅうげ》山、真宗本願寺派）を仮教場に明治五（一八七二）年七月二日創立される（開校当初の校名は「西大組第二十二区小学校」）。もともと、渡辺村には近世に嘯虎《しょうこ》堂と呼ばれた寺子屋があり、男女合わせて二八〇人の生徒が学んでいたという。寺子屋などは当時一般的に、大阪府の教育政策によって小学校へと受け継がれていくことになるので、この寺子屋は栄《さかえ》小学校の前身である可能性が高い。

＊

寺院を仮教場に出発した栄小学校は、その後、一期校舎の完成とともに移転するが、学校経営が実にユニークである。なんと、万人が排泄する「大小便」を肥料にして、売却した利益を学校の運営費に充当するという計画を立てたのである。排泄物の売却なら誰も文句は言わないだろうという算段である。つまり、学校運営費を徴収することがむずかしい場合を想定して、こうした方法を採用したわけである。「大小便」を汲《く》み取る業者を入札方式で決定して、最高値で落札した人に業務委託する仕組みを作り上げた。なんという辣腕《らつわん》ぶりだろうか。それだけではない。教育面でも、小学校を尋常小学校（四年課程）と高等小学校（四年課程）、さらに簡易小学校（三年課程）に分轄して、多くの子どもが学べるようにする一方、上級への進学者のために高等科（一八九〇年）も設置する。まさに、栄小学校は、大阪の部落のなかで群を抜く存在であった。

栄小学校第三期校舎の屋上（1940年代）

　栄小学校のこうした計画的で合理的な運営、さらに長期的な財源の確保策は、江戸時代から皮革業を営んできた富裕層と、地域の有力者たちが主導し維持され続けた。彼らこそが、明治維新後いち早く差別の克服を学校教育に求め、そのうえで「私費」を投じて学校を建設し維持していこうという情熱をもっていたわけである。同校の校舎は、その後第二期（木造・一九〇八〜二七年）（MAP C⑧）、第三期（鉄筋コンクリート造・一九二八〜七四年）（MAP C⑨）、第四期（同・

一九七五〜二〇一三年）（MAP C⑩）と移転し、現在は第五期（同・二〇一四年〜）になっている。

＊

ところで、西浜部落は一九〇〇年代初頭、その一部であった木津北島町を、ほとんどが部落外の地区で構成されている木津学区から分割しようとする「事件」がおこり、大阪市をも巻き込んだ騒動に発展することになる。分割の理由は、新聞によると「特殊部落民なるものと一般人民との不調和」が原因であると報じられている。

木津北島町に居住している児童は、本来ならば「木津」の冠称があるとおり木津学区が創立した小学校に通学しなければならないはずであったが、何らかの理由から一時的に栄小学校に通っていた。しかし栄小学校の設備が不足したため、木津学区の学校へ彼らを戻そうとしたところ、木津学区の小学校に通う児童と保護者から「擯斥《ひんせき》」されることになったというのである。新聞にはその経緯が詳しく記されている。

皮革関連業者と縁があるので、木津北島町の子どもたちを受け入れられないというのが「擯斥」の根拠であった。行き場を失った学齢児童は約二〇〇人にのぼり、「廃学児童」として把握されることになる。これらとは別に、不就学児童の人数について調査を重ねた結果、私立有隣小学校に入学予定の二五〇人の児童以外にも、さらに四〇〇人の不就学児童がいたという。しかし有隣小学校の児童とて、貧困による不就学が原因なのであるから、「廃学児童」はあわせて八五〇人にのぼる計算になる。

＊

一九〇九（明治四二）年になると、状況はさらに深刻さを増す。木津北島町は「特種（特殊）部落」であると新聞や公文書に明記され、木津学区が所属する南区全体も住民を先頭に分割の働きかけが加速する。こうした動きに対して大阪市は、木津北島町を分割する合理的な根拠がないため、木津学区内に一時的に分教場を設置することで不就学児童対策を講じようとした。しかし、南区はあくまでも分割の強行姿勢を崩さなかった。

南区は区長演説で、木津学区の負担によって木津北島町のためだけに分教場を設けることはできないと明言するにいたり、結局分割の方向で決着が図られてしまう。そして、一九二〇（大正九）年三月に木津北島町は栄小学校区（西浜連合学区）へと編入されたが、栄小学校にはすでに彼らを受け入れる設備的な余裕がなかった。

この分割＝排除の論理には、近代社会で形成された職業観、つまり皮革業を排除しようとする価値観が端的に示されているといえる。「特殊部落」である木津北島町を排除しようとする一般社会の論理がたくみに作用していただけでなく、職業観にもとづく部落への排除が、行政の方針としても採用されていくという驚くべき出来事であった。事の顚末《てんまつ》はわからないけれども、一九二一（大正一〇）年四月になって、「栄第二小学校」（MAP C⑪）が西浜部落の北の端に創立されることになり、「廃学児童」を受け入れる体制がようやく整ったものの、ほぼ一年ものあいだ、どこの学校にも通うことができない「廃学児童」を行政や社会が作り出していったことは、記憶に留めておくべき「事件」といえる。

＊

西浜部落にはもうひとつ、貧困家庭の児童に初等教育を受けさせるための学校があった。栄小学校や栄第二小学校のように大阪市による公的な教育ではない、夜間学校として誕生した有隣小学校（MAP C⑫）である。日露戦争後の日本では、とりわけ初等教育が重視され、政府による標準語の強制（一九〇〇年）や国定教科書の導入（一九〇三年）などの政策があいついで実行され、尋常小学校の六年制、高等小学校の二〜三年制なども導入されていく。その一方で、貧困層を多く抱える地域では小学校教育を満足に受けることができない子どもがたくさんおり、大阪でも部落では都市化が進む一方で、大規模なスラムや、いつしか初等教育から切り離された子どもが増えていった。栄第二小学校の児童もそうであった。

貧困のため小学校に通えない子どもが巷《ちまた》にあふれるような状況を目の当たりにした新田帯革製造所の創業者・新田長次郎は、当時、地域の有力者や警察署長からの勧めもあり、夜間学校を創立することを決心する。従業員に対しても「恰《あたか》も家族の如く」接していたといわれる長次郎ならではの発想であった。夜間の、しかも二部入れ替え制の授業（のちに昼間授業もおこなうようになる）をおこなう学校を、当時のマスコミや世間は「貧民学校」と呼んだ。授業料はもちろんのこと、教材や教員の給料にいたるまで、当時保護者が当たり前のように負担していた費用が、すべて無償であったからである。

長次郎は自身のことを「履歴書」に「常に素朴を者として浪費を避け、朝は工人に先ちて《さきんじて》工場に入り、夜は工人に後れて《おくれて》工場を出で」るという経営をおこない、「一日たりとも使用せし者の疾病に罹り《かかり》、或は死亡する等の事ある時は、医療を加え、或は遺族を扶助して方向に迷わざらしむる等懇篤親切」な待遇をしていると記している（『新田長次郎履歴書』）。

＊

長次郎が創立に大きく貢献した小学校は「有隣小学校」と名付けられ、南区の木津北島町で産声を上げた。一九一一（明治四四）年六月一五日のことである。当時、大阪市内には同校の〝先輩〟にあたる私立夜間学校がすでに複数あった。北区茶屋町に心華婦人会の有志で運営されていた心華尋常小学校、石《いし》井《い》十《じゅう》次《じ》の創立した岡山孤児院の付属事業であった愛染橋夜学校、大阪博愛社の創立した愛隣夜学校などである。いずれも社会福祉の先駆的なモデルケースとして知られ、その授業内容も実に多様であった。

実業家が私財を投じた夜間学校は同校が初めてといってよく、マスコミも頻繁に有隣小学校の教育内容を伝えるようになる。林間学校など転地療養の実施も世間の耳目を集めるカリキュラムであり、一般の小学校へ通うことができない子どもに対し十分な初等教育をおこなったのである。

創立当初から私立として運営されてきた同校は、公的な教育政策の拡充によって、一九二一（大正一〇）年四月に大阪市へ移管され、大阪市立有隣尋常小学校へと改称される。そして、アジア太平洋戦争のなか、大阪市南栄国民学校と改称し、戦後一九四五（昭和二〇）年に廃校となった。長次郎の貢献による小学校の歴史はわずか三十数年でついえたが、戦前の初等学校教育に大きな足跡を残したといえる。

水平と融和

西日本有数の皮革産業の地である西浜部落には、差別に抗《あらが》う運動という視点でみると、一九二〇～三〇年代にかけて、おおまかに二つの運動潮流があった。国家革命によって社会の仕組みの変革を図ろうとする共産主義運動（ボル派）の影響を強くうけた水平運動（なお、アナーキズムの影響下にある思想潮流もあった）と、天皇制国家のもとで融和握手によって差別を克服しようとする融和運動である。

西浜での前者の代表的活動家が、栗須《くりす》七郎《しちろう》であった。一八八二（明治一七）年生まれの栗須は、成長とともに水平運動に傾倒していき、一九二五（大正一四）年九月に西浜部落の近接の木津第二尋常小学校で発生した差別事件に対し、先頭に立って活動している。事件の発端は、同校の訓導（教員）が生徒を殴打した暴力事件であり、学校側の陳謝によっていったんは沈静化していたが、差別的な文書が送りつけられてきたことで再燃した。西浜水平社（MAP C⑬）を実質的に牽《けん》引《いん》していた栗須はその陣頭指揮をとり、西浜水平社機関紙『西濱水平新聞』紙上で論陣を張って真相報告会や演説会を十数回にわたっておこなったが、「差別投書者探し」に終始したため、糾弾闘争は自然消滅してしまった。

　また栗須は、政治家の沼田嘉一郎《ぬまたかいちろう》のことを思想的にも運動の立場的にも、もっとも対立する「敵」とみなして徹底的に批判する。栗須は、『西濱水平新聞』の紙上で一九二五年七月〜九月にかけて「沼田嘉一郎氏」「沼田嘉一郎君に呈す」「沼田嘉一郎君に呈す（下）」の三本の記事を発表して沼田批判を展開し、次のように主張した。「何一つ水平社運動に尽さないのみか自己の地位と、権力を利用して、飽《あ》くまで吾が水平運動を暴害（ママ）して居る」（七月一五日付）。「善く我々を罵り得たと信じてゐるだらう、そこが即《すなわ》ち有産者心理、ブルジョア心理である……要するに足下は有産者であり、ブルジョアである。有産者が無産者を利用し、ブルジョアがプロレタリヤを搾取するのは、その本分である。……足下は自分の力量才能の為に社会の待遇を受けてゐると信じてゐるだらう。然しそれは、同族を欺《あざむ》き、同族を馬鹿にし、同族を敵に売る為に、その力量才能を敵から使はせられてゐるのである」（八月一五日付）。「沼田君足下、足下は根本的差別撤廃の大運動に対して、敢《あえ》て一個の犠牲となり、一個の人柱となる事を以て、窃《ひそ》かに自ら誇りとするだけの、美しい心機一転を為し得ないか、どうか」（九月一五日付）などと息巻いた。

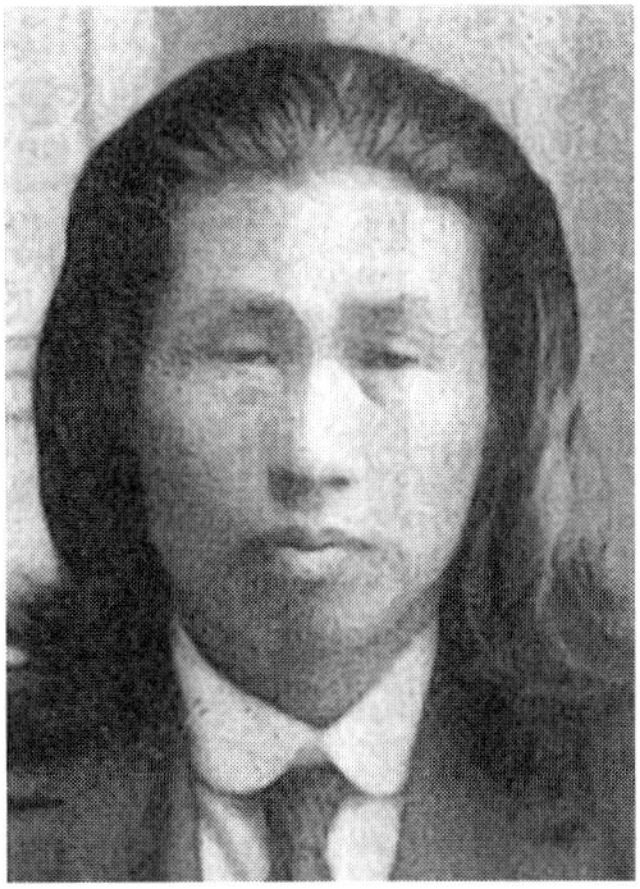
栗須七郎　1888.2.17～1950.1.21

　栗須はさらに、単著『水平道』（水平道舎、一九二八年九月）にも、「沼田嘉一郎君に呈す」「沼田嘉一郎君に呈す（下）」の二文を再掲し、あわせて「総選挙の結果について考へよ」と題した一文も掲載した。そのなかで、沼田が衆議院議員に再選された理由を「同族の同情、即ち水平民族の兄弟意識のお蔭」であると断言し、にもかかわらず「水平運動の公敵」となったと批判を展開したのである。容赦のない論難である。

こうした攻撃的な態度に対して、沼田は公的には一切反論していない。ひたすら沈黙を押し通しているようにさえみえるが、失業者救済を救護法に盛り込むべく同法制定の先頭に立つことで「細民」救済論まで活動の射程内であることを示し、栗須の多用する「ブルジョア」批判に対抗し、西浜部落全般の利害調停役としてのポジションを獲得していこうとしていたのではなかろうか。

ひるがえって、融和主義へのもっとも痛烈な批判者たる栗須の所属する全水左派（ボル派）が、「プロレタリヤを搾取する」（栗須）体制とその反撃の騎手たる労働運動について部落民の役割を重要視していたかと問うと、懐疑的にならざるをえない。

たとえば、ボル派の傘下である全国水平社青年同盟の機関紙『選民』は、「特殊部落産業と労働者の窮迫」と題する調査報告を三回にわたって連載し、「失業者は巷《ちまた》に満ちて居る」としている。そのなかで、中央委員会は「皮革工は元来手工業で近代的労働者ではないから組合を作っても大した期待を持つことが出来ない……皮革工は手工業者だから決して近代労働者を組織するようなことはないが、その組織する中によい分子を引き抜くことが出来る。それだけでも我々は進んでやらなければならない」などときわめて侮蔑を含んだ記述をしている。融和運動を罵倒していたボル派とて、皮革「職工」の労働者としての人格を尊重していたかというと、けっしてそうではなかったのである。

*

一方の沼田は、一八七八（明治一一）年に和歌山で出生したのち、西浜部落に移り住む。西浜町内では皮革業（屋号は、「栄屋《さかえや》」）を営むかたわら、一九一六（大正五）年八月には、三九歳で西浜土地建物株式会社の創立に加わり取締役に就任している。沼田はこのほか、公職としては主なものだけでも、一九〇四（明治三七）年から学区会議員（栄小学校を維持運営する西浜連合学区選出）、一九一三（大正二）年から栄聯合青年団長、一九一七（大正六）年から都市計画大阪地方委員、一九二二（大正一一）年から借地借家調停委員を歴任し、さらに大阪府方面常務委員（栄方面）にも創設当初から就任している。このように、実業家、すなわち皮革業者の利益代表として西浜町で徐々に頭角を現した嘉一郎は、やがて市会を足がかりに政界へと転身していく。

沼田嘉一郎
1878.8.2～1937.11.13

一九一三（大正二）年六月の大阪市議選で大阪市南区から出馬した沼田は、三六歳で初当選をはたし、三期連続で再選される。この間、政友会系議員で構成される与党会派の新澪会に属し、池上四郎市政を擁してきた。一九二〇（大正九）年に六五歳で中央政界を引退した森秀次《もりしゅうじ》のあとをうけるかのように、国政の場へ颯爽《さっそう》と登場する。皮革産業の業界誌『東洋皮革新誌』で「政党内閣の確立」「（家長のみの）普通選挙」「商工立国」「教育の改善振興」「財政整理」を訴えた沼田は、国政の論客としてその地位を不動のものとするようになる。

三期一二年の市議実績を背景に、沼田は一九二四（大正一三）年五月の第一五回総選挙に政友本党から出馬し、大阪四区で初当選する。議席数で第二党となった政友本党の趨勢《すうせい》により同区得票数の二四・五パーセントの票を獲得した。一期目から精力的に活動し、融和団体同愛会と全国融和聯盟が主張する、部落に対する「国策確立建議案」（一九二七年三月提出）に積極的に賛同している。

＊

当時は中央政界と地方議会の双方に軸足を置くことが認められていたため、沼田は国政の場に登壇してからも市議として活動を続け、〝大大阪〟（一九二五年四月の第二次市域拡張の結果誕生した新生大阪市の通称）が誕生して初の一九二五（大正一四）年六月の市議選では浪速区から出馬し再選される。そのあと、普通選挙のもとでおこなわれた市議選でも再選をはたし、一九二五年以降は政友会系議員を核に構成される与党・各派聯盟（二六年五月から更生会）に所属した。關一《せきはじめ》市政の末期には与党・尚正会に、一九三七（昭和一二）年に七選をはたしたおりには、民政党系の市友会と政友会系の市政会とが提携する与党・市政聯盟に籍を置いていた。

一方、国政においても第一六回総選挙で立憲民政党から大阪二区で立候補し、政友会に一議席と迫る民政党の勢いが後押しとなって再選される。ただ、第一七回総選挙では無所属に転じたため、出馬した大阪二区の総得票数の一パーセントに満たない票しか獲得できず、はじめて落選する。第一八回総選挙では第一党の政友会から出馬して返り咲くが、第一九回総選挙では次点に終わった。

＊

一九二二（大正一一）年に沼田が就任した借地借家調停委員は、同年四月に公布され一〇月から施行された借地借家調停法にもとづいて、借地および借家をめぐる争議の解決にあたっていた。同法第二条に「調停ノ申立ハ争議ノ実情ヲ明ニシテ之ヲ為スコトヲ要ス」とあり、いわば争議の背景となっている人間関係や地域利害に精通した人物が適材と判断されていたからである。調停委員には商工業者が多く、方面委員、区議などの役職を兼務する人物もいた。当該制度の円滑運用には、地域社会の支配秩序に精通した人物の存在が前提となっていたのである。

西浜部落におかれた大阪府水平社の事務所（1930年代）

＊

「細民」の救護に関してかくも旺盛な動きをみせていたのは、融和運動家として差別撤廃にむきあう沼田の立ち位置が関係しているといえる。ただ、融和運動を主題とする場合、沼田の積極的な発言はいまのところ見あたらないので、新聞報道や沼田批判の内容からその言動を推察するほかない。沼田と融和運動との接点は一九〇二（明治三五）年の西本願寺の僧侶が部落の人びとによる募財寄付に対して賤称語を用いて見下した、いわゆる「龍華智秀《りゅうげちしゅう》差別事件」にまでさかのぼる。地元の西浜青年同志会を率いて、和歌山県の融和運動家・岡本彌《おかもとわたる》らとともに差別糾弾闘争に立ち上がっている。そのあとの詳細は不明だが、「同胞差別の悪風を打破する」ことを目的として一九二二（大正一二）年一〇月に結成された融和団体鶏鳴会を主な活動の場に地域の調停役をになっていた。

*

しばしば対立の構造の象徴として描かれがちな水平運動と融和運動だが、双方には親和的な側面も多々あり、西浜部落内でもそうした運動の特徴が随所に表れていたといっても過言ではない。そして戦後初期にはこうした融和・改善運動的事業と水平運動的理念とが混合して地域が成り立っていた事例が多いことも事実である。

焼土と住宅

アジア太平洋戦争末期、一九四五（昭和二〇）年三月一三日深夜から翌一四日未明にかけての第一次大阪大空襲で焼土と化した西浜部落では、敗戦直後からバラックを仮小屋として元の居住空間を回復しようとする動きがおこってくる。こうしたバラック居住区は西浜部落にかぎったものではなかったが、いずれもやがて行政によってクリアランスの対象とみなされるようになり、それに対抗して組織された住宅要求運動は西浜部落（浪速部落）の場合、制定されたばかりの日本国憲法の「生存権」を主張する明確な理念をもって展開されていく。

そもそも一九五〇年代初頭から徐々に形成されてきたバラック居住者に対する認識をみると、「バラック族」「不法占拠」という新聞などの表現に集約されるように、社会悪という偏見から侮蔑的な見方で衆目が一致していた。大阪市会では、一九五〇年代の住宅供給状況と「立ち退き」を主張する世論の動向をふまえた議論がなされ、慢性的な住宅不足への対策が急がれていた当局としては、バラック居住者への対策を一定考慮しつつ、行政施策を進めなければならない状況となったのである。世論に加えて、一部のバラック居住者の住宅要求運動が盛り上がりをみせたため、やむなく対応を迫られたというのが実状のようである。

＊

松田喜一　1899.2.20 ～ 1965.2.8

こうした市政の動きに対して、西浜部落（浪速部落）ではバラック居住者の強制立ち退き拒絶や住環境改善といった諸要求を集約するため、南に隣接する西成部落と協働で運動を立ち上げる。その先頭に立ったのが水平運動時代からの活動家・松田喜一《まつだきいち》であり、一九五七（昭和三二）年一二月に浪速西成住宅要求期成同盟（以下、期成同盟）を結成する。

松田は一八九九（明治三二）年に奈良県山辺郡二階堂村（現・天理市）に生まれ、まもなく西浜部落に移り、私立有隣小学校（新田帯革《おびかわ》製造所の創業者である新田長次郎が創立）卒業後、西浜内の皮革工場を転々とした。堺利彦らの影響を受け、全国水平社創立大会にも参加し、戦時下では経済更生運動をになった。その松田が戦後、生活を第一に考えて組織した期成同盟は、所期の目的に大阪市に対する住宅要求を掲げており、そのなかで「不法占拠」認識に対して、次のように反論している。

私たちはいま、浪速区西浜・栄町・西成区開・出城で不法占拠といわれ、地主や市当局から厳しく立退きをせまられております、一口に不法占拠といわれるべきではないと思っています。之《これ》等両地域は戦前西浜と総称され、日本でも有数の皮革どころであり、関西のあらゆる部落の過剰人口を吸収し、一万戸を容した日本一の部落を形成していたのであります。そして私たちや父や兄が貧しくとも一戸をかまえ差別があっても西浜に住んでいる限り平和に生活していたのでありました。ところがこのような生活があの無謀な戦争政治のため一朝にして破壊され、西浜は焼土と化し、父や祖父が汗と涙できずきあげた私たちの住まいを奪い取ってしまいました。残されたものは冷たい差別だけでありました。……西浜の名前と繋《つな》がりは、町が燃えても部落の人々の心の中に、全国皮革関連者の鍊《つな》がりの中に生きております。

（「住宅設置に関する陳情書」一九五七年）

両部落には、皮革産業資本家や元の名望家らの私的な所有地が多く存在しており、それゆえバラック居住者は「部落」という一体性に依存した過去の居住環境（空襲で灰燼《かいじん》に帰《き》す前の状態）への回復を訴え、現時点での居住環境の劣悪さが敗戦によって生起したものであることを市政に認識させようとしたのである。

とくに産業構造の崩壊に強い口調で言及しているのは、当該期の西浜部落および西成部落における生活実態が芳《かんば》しくなかったことと同調している。両部落の失業者数は二五四二人（地域内人口の六二パーセント）、失対事業従事者は一二〇〇人（同五七・一パーセント）、生活保護は五八〇世帯・二八六七人（同七・一パーセント）と、いずれも市内のほかの部落に比べてその比率が高かった。

＊

このため、一九五三（昭和二八）年度の部落解放全国委員会大阪府連合会の活動方針書では、部落の特徴のひとつに「戦災による喪失」をあげ、「特に皮革の集散地として部落の過剰人口を吸収していた浪速区西浜の喪失は一層部落の失業者問題を急迫させている」と具体的に記し、「一部に見られる皮革加工・皮革問屋」を除くと、「最先に目につくものは大量の職安労働者であり、靴の修繕業及び職人がこれに次ぎ少数の工場労働者とごくわづかの勤人が散見される」としている。

西浜部落のこうした不安定就労状況は、その後もほとんど改善されることなく、部落解放全国委員会大阪府連の大会資料でも、再三にわたって言及されている。たとえば「皮革及び革加工製造の産業もアメリカ資本とくっついた独占資本に収奪され倒壊寸前にある」「ことに西浜の焼失は部落全体の経済力をいちじるしく減少し、皮革産業の主導権は部落民の手中から奪われてしまった」などと明記されているのである。

*

そして、改良住宅建設が企図したように進捗せず、就労環境にも目立った変化がみられないなか、期成同盟は、一九五九（昭和三四）年に開催された総会で次のように主張する。

一昨年夏、都市計画による立退問題から始まった私たち低家賃住宅を要求する運動の成果が実って、さる四月二棟四階建の市営住宅八〇戸を完成させた。さらに第二次として、三棟七二戸の工事が進められている。また、栄町四丁目の替地も具体化してきた。しかし、これで私達の要求がみたされたのではない。現在、住宅期成同盟に組織されている会員は三八〇世帯で、第二次住宅が完成しても一五〇世帯の要求が実現したにすぎない。また、住宅が欲しいという要求が同じでも、それぞれの希望が違う。したがって、私たちの運動は、たんに住宅を建てろという要求だけでなく、戦後一四年になるにもかかわらず、今まで大阪市政から差別されて復興の遅れている私たちの町を発展させていくための大きな計画にもとづいた

新らしい町づくり運動として進めなければならない。（「第三回総会運動方針書」一九五九年）

住宅要求運動の結果、計一五二戸が建設されることになっていたが、さらに踏み込んで「住宅希望者の職業、条件に適合した住宅の建設」「住宅入居者の要求と組織」などを運動方針として確認している。

改良住宅建設が進んだ浪速部落（1970年代）

＊

こうして西成部落で住宅建設が進むなか、もう一方の西浜部落では建設計画は依然白紙であったため、西浜部落では期成同盟と一線を画し、一九六〇（昭和三五）年に浪速住宅要求者組合を別組織として結成し、「決議文」を採択して次のように述べている。

戦後、日本の民主主義は、憲法に人権項目を謳《うた》い、我々もまた一般市民と同等の国民的権利を持ち、それを要求することを明確にするにもかかわらず、今日に至るも行政的差別が残存する事実を誰も否定しないであろう。我々の居住する浪速地区はあまりにも貧しく、あらゆる生活条件が一般市民と比して低いままに放置されており、行政当局はこの窮状から目をそむけ、積極的に何等の措置をとろうとする決意をみせていないからである。とりわけ我々の住宅事情の困窮は、悲惨なままに日々その苦しみの中に取り残されている。住環境の改善要求から結成された住宅要求運動は、大阪市政による改良住宅建設が計画されるなかで個別要求が多岐にわたり、なおかつさきにみた運動内部の矛盾も発露していたことから、建設計画の進捗状況にあわせて分岐せざるをえなくなった。そして要求者組合は、要求項目のひとつに「憲法で保障されている文化的生活の最小限の条件を要求する権利に基き、浪速地区全住民に、一世帯一住宅を速やかに実現せよ、これにともなう予算を国庫にて支出し、行政的差別を撤廃せよ」を掲げており、日本国憲法第二五条に謳われている「すべて国民は、健康で文化的な最低限度の生活を営む権利を有する」の具体化を明確に打ち出して組織された。

*

大阪市政は、一九四七(昭和二二)年度から地域改善事業として浴場、集会場、授産所、公園、保育園、診療所などの新規建設、増改築などを進めてきたが、その具体策のなかに部落民総体を対象とした住宅建設が盛り込まれたことはなかった。高額家賃の市営住宅だけが用意されただけであった。にもかかわらず、世間では「不法占拠」認識だけが広がりをみせていたため、社会認識への修正を迫りつつ住宅要求運動が組織されていった。そして、一九五五(昭和三〇)年に部落解放全国委員会から名称変更した部落解放同盟大阪府連合会は、その後大会のたびに、生活闘争の重要項目として「住宅獲得闘争」を掲げ、個別部落での活動をとりあげるにいたる。住宅獲得の原点は松田たちの指導のもとで大衆運動として展開されたわけであり、住宅要求の思想の原点はそこにあるのである。

仮小屋と生活館

ＪＲ大阪環状線新今宮駅の天王寺方面行きホームに立つと、その北側にいつも人目をひく広大な空き地がある。ターミナル駅に隣接する都心の一等地にもかかわらず、マンションや商業ビルが建つ気配はこれまで一度もなく、ただ紀州街道がその東側を南北に縦貫している何気ない風景が広がっているだけである。少し離れた場所には民間の高層マンションがそびえ立っているのに、まるでその空間だけ時間が止まってしまったかのようにポッカリと取り残されている。

ここは以前、現在もある化粧品会社の本社工場であり、敗戦後の一時には一帯にバラックが建ち並んでいたという記憶をもっている人はほとんどいないであろう。時計の針をいまから数十年前まで戻そう。

＊

アジア太平洋戦争の敗戦直後、空襲で住居を失ったり、戦地から復員してきたものの行くあてのない人びとが仮小屋（バラック）を建てて生活をはじめた。鉄道の駅舎や高架下、さらに空き地などのいたる所に、雨露をしのぐための質素な建家を設《しつら》えて生活をはじめたのである。大阪市の南西部にあたる馬渕《まぶち》（淵）町、水崎町にもそうした仮小屋が多数軒を並べていた。

馬渕町はもともと畑地が大半を占める土地柄であったため、電鉄会社や企業による土地の管理が不十分で、南海本線ガード沿いに広大な「不法占拠バラック」（新聞記事など）地帯ができた。はじめは十数軒が養鶏を営み、その後、恵美須町の松映（映画館）跡から集団移転してきた、とされている。一方の水崎町の字名は水渡釜ヶ崎《みずわたしかまがさき》の略称に由来する。紀州街道が縦貫しており、もともと畑地が大半であり小さな池沼もあったため、化粧品会社の中山太陽堂の工場として紀州街道の西に同社薬品部、東に金属部が工場を構えていた（『大阪浪速区恵美地区実態調査資料集（その一）』一九六一年）。

この仮小屋（バラック）住民に対して世論も行政も「不法占拠」として、厳しい立ち退きを迫っていくのであるが、それに拍車をかけたのが一九五七（昭和三二）年二月に発生した大火（四五〇世帯、一三〇〇人被災）であった。その結果、一九五八年ごろから本格的な木造三階建てアパートが次々と建築されていく。

＊

もともと仮小屋（バラック）住民はエリアごとに町会を組織して日常生活を送っていたから、立ち退きにあたっても町会を基礎単位とした行政交渉となり、居住権の代替となる住居の補償を要求することになる。

町会のひとつである新興会では、「不法占拠」問題について、「現在、不法占拠地区の立退き問題が出ているが、これに対し居住者連盟をつくり、その代表者が仲介者を入れることなく、直接市と交渉せよという気運がある」一方、「この際、家主は借家人に対し、一世帯あたり五〇〇〇円位の餞別《せんべつ》を出すべきだと主張する者もいる」という状況であった。結局、立ち退き問題をめぐっては、「馬渕地区では、この立退き問題に関し、家主でもなければ、借家人でもない某氏が主導権をにぎるだろうといわれて」おり、「いままで資本家的な色彩の濃い人がなっていた町会長が、労働者的色彩の濃い人に交代したようである」との観測が記されている。

また、松映会については、「不法占拠地区内の某町会のD会長は、不法占拠地区切っての実力者である。D氏によって、毎日労務を斡旋して貰っている者は三〇名いる。何れも独身者である。彼等が年頃になれば妻帯することにもなるが、同氏に見込まれて妻帯し、地区内に居住の斡旋までして貰っている者は六〇名ぐらいいる。……同氏は地区内に四〇軒のバラックをもっているので、嘗《かつ》て同氏に労務を斡旋して貰って生活してきた者の多くは、今日では、同氏の店子《たなこ》として同氏のバラックに居住しているわけである」（前掲『大阪浪速区恵美地区実態調査資料集（その一）』なお「D」の頭文字表現は原文どおり）。

町会ごとの実力者（某氏やD氏ら）のもとで、仮小屋（バラック）住民は、日雇い労働者、屋台式中華そば（夜鳴きそば）店営業、「テキ屋」、「会社員」、「職人」など中小零細工場の労働者としてわずかな収入で糊口《ここう》をしのいでいたわけである。

＊

中山太陽堂の創業者・中山太一は、一八八一（明治一四）年に山口県豊浦郡滝部村（現・下関市）で生まれ、一八九六（明治二九）年に一五歳にして福岡県門司市の雑貨店に就職し、一九〇三（明治三六）年、二二歳の時、貿易業などで富を得た事業家をスポンサーにつけ、神戸市花隈《はなくま》町に洋品雑貨と化粧品の卸をあつかう同社を創業する。元は道頓堀で営業をおこなっていた同社は一九〇六（明治三九）年、創業三年目にして自社製造第一号の商品となる「クラブ白粉《おしろい》」を発売すると好評を博し、たちまち製造業に転身することになる。一九一五（大正四）年には大阪市南区水崎町に中山化学研究所（のちの中山化学工業所）を設立、一九一八（大正七）年には同地に新本店および工場（MAP D❶）を竣工する（薬品部と金属部（MAP D❷））。翌年、日本文具製造株式会社（のちのプラトン文具株式会社）を設立する。太一は、釜ヶ崎移転後の徳風勤労学校に歯科診療室を開設している。そして一九四五年三月の大阪大空襲で奇跡的に残った本社および工場はその後も操業されていた。

中山太一　1881.11.17～1956.10.18

　このプラトン文具の所在地こそが、仮小屋（バラック）住民の一部を収容することになる大阪市の更生施設「大阪市立馬渕生活館」建設地（MAP D❸）なのである。一九五六（昭和三一）年刊行の『大阪市全住宅案内図帳（浪速区）』と、一九六四（昭和三九）年刊行の『大阪市一〇〇〇分の一市街地図』の同じ部分を照合すると、プラトン文具の工場と一九六二（昭和三七）年に第一期棟、翌六三年に第二期棟が竣工する馬渕生活館の立地がほぼ重なることがわかる。

　そこで、登記簿にあたってみたところ、この土地は経営不振となったプラトン文具から一九五

MAP D

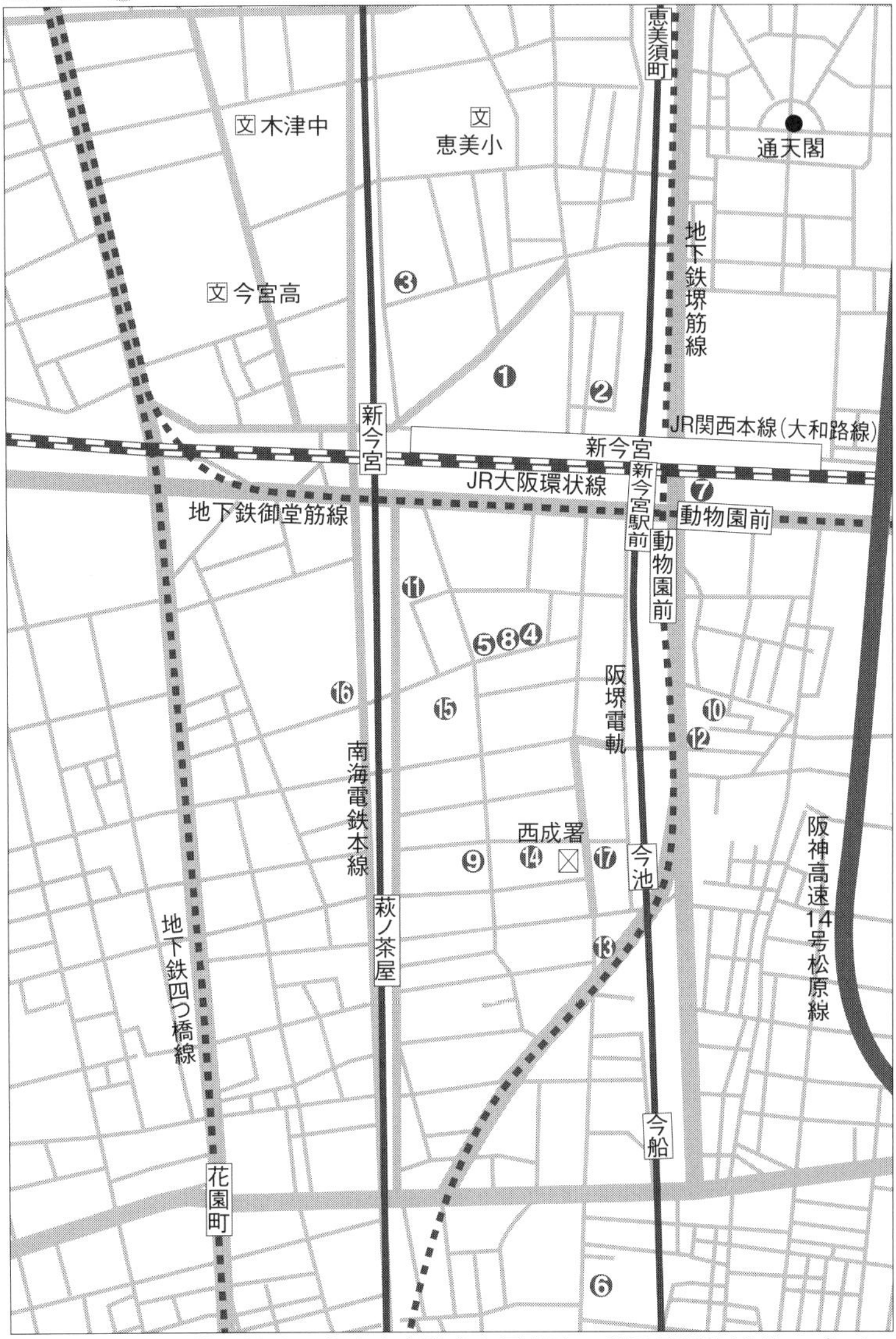

❶中山太陽堂本社工場跡　❷中山太陽堂金属部跡　❸旧馬渕生活館・プラトン文具跡　❹大阪市立今宮職業紹介所跡　❺四恩学園跡（現・大阪自彊館三徳寮）　❻大阪自彊館　❼大阪自彊館愛隣寮　❽今宮住宅跡、新今宮（旧あいりん）小・中学校跡　❾徳風勤労学校講堂跡、済生会今宮診療所跡（現・西成市民館、わかくさ保育所）　❿今宮市民館跡　⓫西成労働福祉センター・大阪社会医療センター付属病院　⓬旧あいりん小・中学校、旧大阪市立更生相談所（現・西成区役所保健福祉センター別館）　⓭邦寿会今宮無料診療所跡（現・ふるさとの家）　⓮聖心セツルメント跡（現・萩之茶屋中公園）　⓯旧萩之茶屋小学校　⓰旧今宮中学校（現・市立新今宮小・中学校）　⓱あいりん学園仮校舎跡

建設直後の馬渕生活館（1960年代）

九（昭和三四）年に南海電鉄株式会社が購入したもので、長く民有地であり、一九九二年になって大阪市へ登記替えがされている。

　それはさておき、馬渕生活館とはいかなる建物なのか、気になるところである。一九六二（昭和三七）年一〇月に竣工した当時は、「新馬渕住宅」と看板に大書されていたぐらいであるから、仮小屋（バラック）に比べれば、入居者にとっては天と地ほどの差があったといえよう。保育園なども完備していたのだから、所帯持ちも独身者もともに暮らしむきが一変したに違いない。まさに行政主導の住環境整備であった。しかも同館は、三〇年近くものあいだ民有地で運営されていた、公的な更生施設ということになる。

＊

　ただ、地域的な目でみると、この馬渕生活館建設にはやや違った意図が見え隠れする。ここで「地域的」というのは、釜ヶ崎とのつながりのことである。よく知られているように一九六一（昭和三六）年八月一日から数日にわたって、釜ヶ崎では「第一次暴動」と呼ばれる事件があった。

実際は「暴動」ではなく、労働者の意思表示が極端なかたちで発露した出来事なのだが、これによって事態は急展開し、行政は日雇い労働者への対策に本腰を入れて取り組む必要に迫られたわけである。当時は釜ヶ崎の一部とみなされていた水崎町や馬渕町の仮小屋（バラック）住民は、世間から「不法占拠」とみなされていたから、ここに馬渕生活館を建設することは、釜ヶ崎への治安対策としても格好の材料であった。

こうして、仮小屋（バラック）住民への大阪市政の対応は、期せずして釜ヶ崎対策とリンクすることになり、住民の住環境の整備という意図と、従来の共同体を解体して行政主導の就労・居住体制に一元化しようとする意図の両方をもって進められたとみることができる。もともと大阪の更生施設は、アジア太平洋戦争直後の復員・引き揚げで梅田駅近くに設けられた「梅田更生館」に端を発し、それが、いつのまにやら大阪市立更生相談所へと改編されて釜ヶ崎に移転され、「更生」の二文字は日雇い労働者に固有の問題へとすり替えられていったという経緯がある。

馬渕生活館が二棟のみで三四二世帯分（仮小屋居住世帯数のわずか約一五パーセント）しか用意されず、その後同様の更生施設が建設されることがなかったこともあわせて考えると、馬渕生活館建設はまさに試験的なケースとしての役割をになわされたにとどまった。しかも、クリアランスされた跡地では釜ヶ崎と同様、簡易宿所（ドヤ）が多く経営されるようになっていったわけで、仮小屋（バラック）の密集地域からドヤ街へと変化していく姿がとくに目立ってしまうことになった。

＊

馬渕生活館は、あくまでも更生施設との位置づけであったから、ほかの市営の住宅（たとえば近隣の浪速や西成の部落で建設された改良住宅など）と違い、建て替えや補修はほとんどなされることはなかった。そして、いまだ住民が居住している二〇一〇年三月に、閉館してしまった。いまはまったく立ち入ることができない廃墟となって、しずかにたたずんでいる。

紹介所と自彊館

一九一〇年代終盤〜一九二〇年代序盤にかけては、第一次世界大戦が終結して以後の戦後不況が労働者に襲いかかり、失業問題が深刻化した時期だった。すでに一九一〇年代初めから職業紹介事業として公設職業紹介所が、東京市浅草区玉姫町、芝区新堀町などに開設され、大阪でも財団法人大阪職業紹介所（所長・八浜徳三郎《はちはまとくさぶろう》）が設置されていたが、こうした施設による部分的な失業者対策では限界があり、本格的な失業救済事業の着手が待たれていた。

「職業紹介法」が一九二一（大正一〇）年七月に施行されると、全国の市町村に公設無料職業紹介所や労働紹介所があいついで設置されるようになる。また、社会調査のなかでも「日傭労働者」「自由労働者」「日稼労働者」といった名称が頻繁に登場するようになり、日雇い労働問題こそは社会問題だという考えが広まって、本格的な失業調査が開始されたのである。現在のハローワークの起源はまさに「職業紹介法」（一九三八年四月に改正され、職業紹介事業の国営化が図られた）にあるわけで、最近では第一次世界大戦の時期こそがさまざまな意味で現代社会の起点であるとの考えに立った研究が進められている。

＊

大阪では、常雇い労働をおもに斡旋する職業紹介事業と日雇い労働に特化した労働紹介事業に携わる機関が一九一〇年代半ばから各々設置され、一九二〇（大正九）年までに前者では千島橋、今里、淡路、九條、西野田、中央、天六、梅田の八カ所が、後者では今宮、京橋、築港の三カ所がそれぞれ斡旋をおこなっていた。しかし、明確な機能分担をしていたはずの紹介事業は、実際の労働力需要（市場）の実態を反映した政策的意図によって幾度かの改編を経ることになった。その結果、常雇いが主流となる職業紹介事業の中枢であった千島橋、今里、淡路と、労働紹介事業をおこなってきた今宮、京橋、築港の六カ所が、いずれも日雇いを専門に取り扱う労働紹介部門に重点を置く方向で一元化されることになり、やがて大阪市の規程改正によって、この六カ所は「労働紹介所」と正式に名称変更することになる（一九三六年五月）。このほか、一九二五年冬季から失業救済土木事業を開始していた大阪市では、釜ヶ崎、安立町、鶴橋、野田、天六の五カ所に臨時労働紹介所を設置している。

これらのうち、国の方針よりも早く、創立当初から日雇い労働専門に仕事を斡旋してきた今宮（当初は浪速区宮津町、のちに西成区東入船町）、京橋（東区京橋前之町）、築港（港区築港海岸通）における紹介者数実績合計は年々増え続け、開設当初の一九一九年には六万一四六六人だったが、わずか三年後の一九二二年には五〇万四〇一六人と、のべ人数の総計はほぼ八倍に達した。より具体的にみると、京橋職業紹介所は旧京街道界隈の求職者を対象としたが、これらの需要はほどなく港湾（築港）地域へ移動する。その築港職業紹介所では沖仲仕《おきなかし》などの港湾労働への就業者が多く、今宮職業紹介所では「土木請負」「手伝」「人夫」がほとんどであった。しかし、このころ現場では「頭刎ね（ピンハネ）」が常習化していたから、大阪市社会部では山口正部長らを先頭にその改善策が模索されていくことになる（『日傭労働者問題』一九二六年）。

ところで、大阪市に編入される直前の今宮町では、一九二四（大正一三）年三月末に町立職業紹介所（常雇い労働の斡旋）を繁華街（現在の花園町交差点付近）に設けたが、わずか四日後に大阪市立萩之茶屋職業紹介所と名称変更して改組される。この時、日雇い労働専門で臨時に設けられていた「釜ヶ崎労働紹介所」も併設されるが、一九二八（昭和三）年四月には、東入船町に移転した大阪市立今宮職業紹介所（MAP D❹）にすべて統合されることになる。同地には、一九二九（昭和四）年に大阪市が建設した改良住宅の一つである今宮住宅（MAP D❽）があった。この今宮住宅の西隣にはサントリー創業者・鳥井《とりい》信治郎《しんじろう》の出資した四恩《しおん》学園（MAP D❺）という仏教系私立学校があった（現在は、移転して現役）。

中村三徳　1873.10.3 ～ 1984.12.21

このころ、大阪市会では失業して寝食に不自由する日雇い労働者のための共同宿泊所の設置が検討されていた。一九二五年二月議会では、「労働者保護」を目的とする共同宿泊所設置案が委員会で審議されたのち原案どおり可決されている。これにより総額三六万円の借入金で翌二六年に九條《くじょう》共同宿泊所（港区九條南通）と、長柄《ながら》共同宿泊所（北区豊崎町）とが

創立時の大阪自彊館本館（1910 年代）

設置され、さらに類焼した大阪市立今宮共同宿泊所（西成区東田町）の新築経費も計上されている。

大阪市政の認識は、日雇い労働者に多い失業問題への対応は、労働紹介と共同宿泊所などの生活構造全般を支える社会事業の枠組みで執りおこなっていくことであり、公的な救済策として斡旋と収容が用意されていた。

＊

一方、日雇い労働者の寝食の改善を実践しようとする動きもあった。そのひとつが、大阪自彊館《じきょうかん》（MAP D❻）であった。一九一一（明治四四）年春、内務省の小河滋次郎《おがわしげじろう》（のち、大阪府嘱託）、大阪府警の池上四郎（のち、大阪市長）らとともに、釜ヶ崎の木賃宿を視察する一行のなかに、中村三徳《なかむらみつのり》がいた。一八七三（明治六）年に備前国《びぜんのくに》（岡山藩）の池田家家臣の家に生まれた三徳は、一八九八（明治三一）年に二四歳で府警に入り、一九一〇（明治四三）年に保安課長となって、釜ヶ崎の視察に同行する。木賃宿の視察に際して一行のなかから衛生状態などを危惧する声があがり、やがて上司池上の下命で、中村が舵取《かじ》り役となり、知人を代表に据えて大阪自彊館を発足させた。視察からほぼ一年後の一九一二（明治四五）年六月のことであった（翌年には財団法人として認可され、築港分館も新設）。中村は設立までのエピソードとして「実行係は私に白羽の矢が立った」のであり（『大阪自彊館の十七年』一九二八年）、設立に際して不足した資金は「堂島演舞場で芸者衆の手踊などの慈善興業を催して、若干の資金を得、次に寄附金募集に着手はしたが、なかなか成績」があがらなかったので、池上の肝いりで借り入れた七〇〇〇円を元手とした、と語っている（『元大阪市長池上四郎君照影』一九四一年）。

大阪自彊館は、「慈善的の趣旨を以て府下に流寓《りゆうぐう》する各種の労務者を僅少の料金により宿泊せしめ、衛生を重んじ奢侈《しやし》を慎《つつ》しみ非違を警《いまし》め兼て貯蓄を奨励して一家を営ましむるに至る」（『私立大阪自彊館規則』）ことを目的として発足したから、一九一四年から理事長・館長に就任した宇田徳正も、宿泊者の生活実態をつぶさに記録し報告している。

＊

宇田「労働者宿泊人の実情」（『救済研究』第五巻第一号、一九一七年）によると、その実態は次のようであった。「（イ）農閑を利用して労働貯蓄せんと欲して来るもの」「（ロ）農業者にして負債弁償の為、労働に従事し貯蓄せんとするもの」「（ハ）自己又は妻子の疾病死亡等の不幸に遭遇し、一家離散親族友人の頼るべき所なくして来れるもの」「（ニ）生活難のため郷里に家族を残し、来阪労働に従事せる上、貯蓄送金を為さんとするもの」「（ホ）商工業に失敗してさらに若干の資本を作らんとするもの、又は帰郷旅費に窮し余儀なく不慣の力業労働に従事し、その旅費を得んとするもの」の五類型のほか、「（ヘ）元労働者だったが無一文となって労働貯蓄を目的に来るもの」「（ト）無目的で賭博におぼれた挙句に貯蓄を浪費したが高い給料を手にして立身出世を空想しているもの」「（チ）官吏や公務員で免職となったか、会社などを解雇されるかして生活に苦しんだ末、仕方なく不慣な労働に従事して生計をたてようとするもの」の三類型をあげている。

そして、（イ）〜（ホ）は目的を達し、（へ）〜（チ）はいまだ達し得ていないという。そして、彼らの日常生活は、「無一文にて来る者、宿泊者全般の約十分の二」もあり、唯一の娯楽は「間食、喫煙及飲食」で、「間食物の為に一日四五十銭を浪費し、又一日一升乃至二升の酒を飲み、煙草（多くはゴールデン・バット）は一日に五六箱を喫煙」している。一方で、「多くは新聞、雑誌、小説を」読んでいるが、「殊に賭博はこれ等労働者にとりて唯一の興趣」であると記している。

＊

大阪自彊館で多くの労働者に規律正しい生活を推奨しても、やはりすべてに目を配ることはできない。日雇い労働者の保護の一方で、一部の労働者に対しては規制項目と教化策がひろく提言されていく。一九一七（大正六）年の「下級労働者取締に就き陳情書」は、自彊館理事長の宇田ほか、大阪職業紹介所主事であり北野職業紹介所常務理事の八浜徳三郎や住吉署管内木賃宿組合長の岩間繁吉らによって提出され、矯正の方針を明記している。

彼等が自暴自棄の結果毫《ごう》も身辺を修めず、常に蓬頭《ほうとう》にして襤褸《ぼろ》を纏《まと》ひ極めて清潔の観念に乏しく、飲酒の為め、感情亢奮《こうふん》し内感的となれるもの多く、好んで賭博を行ひ……或《あるい》は街上電車番号の丁半を争ふて勝負を賭し或は猥褻《わいせつ》聞くに堪経ざる言を放ちて往来の婦女子に戯れ、其他群衆心理のために自制心を失ひ外界の刺戟《しげき》衝動の奴隷となりて獣行禽為を逞《たくま》ふし毫も廉恥を顧みざるは風紀上実に看過すべからざる也　（『救済研究』第五巻第六号、一九一七年）

こうした矯正・教化策は、やがて改善・保護策へと転換を余儀なくされるが、当時の生活実態は、「彼等ハ殆《ほと》ンド其ノ全部カ無技術無熟練労働者ニシテ其ノ最モ多キモノハ仲仕、手伝、土方、日稼、鮟鱇《あんこう》、屑物行商、捨物拾ヒ等ナレトモ其ノ職業ハ一定セス今日ノ土方ハ明日の仲仕、或ハ日稼トナリ一通リ各種ノ仕事ハ役立テトモ何事モ熟練シ居ラサル所謂未熟練無技術労働者ナリ……彼等収入ノ大部分ハ外部（主トシテ大阪市内）ノ飲食店ニ費サレ宿所家庭ニ持チ帰ルモノ極メテ少額」というのが現実であった（大阪市教育部『大阪市ニ於ケル細民密集地帯ノ廃学児童調査ト特殊学校ノ建設ニツキテ』一九二二年）。

一九二〇年代中盤から後半にかけて、〝大大阪〟（一九二五年四月の第二次市域拡張の結果誕生した新生大阪市の通称）となった大阪市や社会事業家、そして地域での日雇い労働者に対する政策は正念場を迎えていたのである。

時が流れて、現在。大阪自彊館は、社会福祉法人として創立の理念「自彊息（ヤ）まず」に立って、釜ヶ崎の地で事業展開している。そのひとつに救護施設事業があり、一九七五年認可の「愛隣寮」（MAP D❼）、一九九〇年開業の「三徳寮」（もとは、仏教セツルメントによって創立された「四恩学園」や、「教育棄民」だった児童を受け入れていた「大阪市立新今宮（旧あいりん）小・中学校」があった場所）（MAP D❺）などがある。

＊本文に登場する、かつての大阪市立新今宮（旧あいりん）小・中学校と、現在の大阪市立新今宮小・中学校（小中一貫校）は、別の学校です。

労働者と診療所

日雇い労働者の街・釜ヶ崎で現場の経験から記された書物にはいくつも名著がある。上梓《じょうし》された順に単著ばかりならべてみても、ほぼ一〇年周期で名著が世に送り出されていることに気づく。このうち、それぞれの書名は列挙するだけで紙幅がつきてしまいそうになるので割愛せざるをえないが、奇を衒《てら》うことなく書かれたこれらの作品から教えられることが数多《あまた》あることだけは、ぜひとも明記しておきたい。そのなかにあって筆者の個人的な名著の「五指」に入るのは、本田良寛《ほんだよしひろ》『にっぽん釜ヶ崎診療所』（朝日新聞社、一九六六年）である。

＊

本田良寛は、一九二五（大正一四）年に大阪市城東区西鴫野《にししぎの》にある医師の家に生まれた。地元今福町の鯰江《なまずえ》幼稚園から大阪偕行社《かいこうしゃ》附属小学校（現・追手門学院小学校）に進学し、旧制八尾中学校卒業後には徳島県立医学専門学校に入学するが、占領下で廃校の憂き目にあい、仕方なく一九四七（昭和二二）年、大阪市立医学専門学校（現・大阪市立大学医学部）に編入しドクターとなる。医師免許取得後、城東区の「アパッチ部落」（旧陸軍の大阪砲兵工廠《ほうへいこうしょう》の鉄屑を採取する姿と当時流行した映画のタイトルに由来）とマスコミに揶揄された集落で敏腕を振るっていた良寛先生が、先輩医師に依頼されて大阪府済生会今宮診療所に、一九六三（昭和三八）年正月からは常勤医師として赴任することになる。

もともと一九一四（大正三）年から浪速区貝柄《かいがら》町にあった今宮診療所は、今宮市民館（旧東田町）（MAP D⑩）と一九四七（昭和二二）年から棟を同じくし、釜ヶ崎で〝赤ひげ先生〟と親しまれるようになる良寛先生が着任するころには、大阪市立西成市民館開設と同時に移転していたわけである（MAP D⑨）。

ただ、この一角は「診療所」とは名ばかりの設備であり、「窓らしいものが見当たら」ず「門と玄関ばかり」といった実情であった。それもそのはずで、同居している西成市民館自体、大阪大空襲で焼け残った徳風勤労学校（敗戦時は国民学校）という小学校「講堂」の一部を改修して転用したものであったからである。

本田良寛　1925.2.27～1985.7.1

この小学校は、久保田鉄工所創業者・久保田権四郎《くぼたごんしろう》が私財を投じて創立した夜間学校で、大阪市南区の南高岸町で一九一一（明治四四）年に産声を上げた。創立当初は私立として運営されてきたが、一九二一（大正一〇）年に市へ移管され、大阪市立徳風尋常小学校へと校名変更された。そののち、幾多の曲折を経て、一九三八（昭和一三）年に釜ヶ崎へ新校舎を建てて移転してくるのである。

ちなみに、診療所とともにかつての「講堂」をシェアしていた西成市民館は、一九五五（昭和三〇）年、すでに開設されていた今宮市民館を移転・改修したもので、現建物はその後一九七一（昭和四六）年に建て替えられたものである（「市民館」としては市内唯一の現役）。診療所は一九七〇（昭和四五）年に財団法人大阪社会医療センター付属病院に発展的に改組され、長いあいだ同居した西成市民館と分離され西成労働福祉センター（MAP D⑪）に入居することになる。

＊

診療所の窓口は朝九時から開いた。窓口業務は一筋縄ではいかなかったようで、酔って暴れたり文句ばかりを言う人、事情があって本名を名乗りたがらない人などが毎日のようにひっきりなしにやってくる。応援団の複数の医師とともに午前の診察を終えてから遅い昼食をとると、休む暇もなく調査活動などの仕事に取りかからねばならない。調査活動は「釜ヶ崎の保険の実態を調査、研究し、町の人びとのために役立てる」という目的でおこなわれるもので、実践活動の改善と結びつかなければ意味がない。そうしたなか、聞きわけのない患者には毅然とした態度で臨み、かなりきついお灸をすえた場合もあったようである。診察を受けるほうがけんか腰では、治る病気やケガもままならないし、ほかの患者にとっても傍迷惑《はためいわく》である。良寛先生のお灸が効いたのか、誰ひとりとして石を投げたり、殴りかかったりする者はいなかった。やはり緊密な信頼関係ができあがっていたからであろう。それは、次の言葉にも集約されている。

「釜ヶ崎は、普通一般並みのことが通らない特殊地帯のようにいわれているが、私の経験からすれば、立派に〝規律〟を導入できる。みんなが守れる原則的な規律をひろめることによって、釜ヶ崎を、まじめな人がバカをみない、筋の通る世間並みの町に変えることがかならずできると信じている」。この一文には、世間の偏見が釜ヶ崎への差別を生み出し、医療体制や行政機構の不備が生じているという本質的な見識が示されているといえる。

しかし、それでも日々愕然とする出来事が起きる。「一日が待てない」「一晩が待てない」労働者がいる。わずか一晩で路上や簡易宿所（ドヤ）で亡くなる患者が後を絶たないのである。こうした場合、適用されるのは「行旅病人及行旅死亡人取扱法」という、何とも聞きなれない法律である。この法令のすさまじいところは、一八九九（明治三二）年三月に制定されて以降、若干の「改正」はあるが、いまだ「現役」であることである。その第一条に「行旅病人ト称スルハ、歩行ニ堪ヘサル行旅中ノ病人ニシテ療養ノ途ヲ有セス、且救護者ナキ者ヲ謂ヒ、行旅死亡人ト称スルハ、行旅中死亡シ引取者ナキ者ヲ謂フ」。第二条に「住所、居所、若ハ氏名知レス、且引取者ナキ死亡人ハ行旅死亡人ト看做ス」と明記され、さらに当該の市町村で救護すべきことが第三条以下に続けて明記されている。

済生会今宮診療所（1960年代）

法令の文言や字句は、どうしてかくもわかりにくいのであろうか、と嘆きたくなるが、それはさておき、明治国家が作成した法律がいまだ運用されていることは、「民法」などと同様で驚きに値する。何よりも日雇い労働者が「行旅」、つまり定住者としてあつかわれないことにである。現在でも、孤独死や独居で亡くなった労働者を、知人がいくら身元や関係を主張しても、警察や行政は取りあってくれないという悲しいケースがある。

*

良寛先生は、日雇い労働者の子が「預かり屋」と呼ばれる、何とも怪しい、子どもをまるで荷物あつかいの「子守」に預けられ折檻《せっかん》されて負傷した事件が起こった時、「診察しているうちに激しい怒りがこみあげてきて、涙がとめられなかった」と述懐している。一九六〇年代なかばのこの回顧から時間をさかのぼること半世紀前も、日雇い労働者の子どもたちは、大阪市立徳風小学校のような学校に通える場合を除いて、ほとんどが「教育棄民」であった。保護者の都合で戸籍を提出していなかったり、住民票を異動していなかったり、理由はさまざまだが、通うべき地元の小学校に通学していない子が就学するべき児童のなかにもたくさんいた。本来なら行政が窓口となって対応すべきであるが、医療と教育をまったく放棄していたといって過言ではない。

その「教育棄民」をなくすための取り組みとして開設されたのが、あいりん小・中学校である。あいりん小・中学校は、一九六二（昭和三七）年二月、大阪市立萩之茶屋小学校と今宮中学校の分校という位置づけで「あいりん学園」として発足し、当初はプレハブ仮校舎での授業であった（MAP D⑰）。良寛先生が着任してくる翌六三年四月には念願の独立をはたし、「大阪市立あいりん小・中学校」として校名変更するが、西成市民館にかつて隣接していた愛隣会館（現・

西成区役所保健福祉センター別館）（MAP D⑫）の四、五階（屋上も）に移転するのは、それから四カ月後のことである。

さらに、一九七三（昭和四八）年一二月には戦前に不良住宅改良事業で建てられた市営今宮住宅跡に新校舎を竣工し（MAP D⑧）、大阪市立新今宮小・中学校へふたたび校名変更する。しかし、本来であれば地元の学校へ通学するはずであるから、これはあくまで一時的な措置として考えられるべきもので、恒久的に存続するものではない。ゆえに、一九八四（昭和五九）年三月末をもって閉校し、これにともない萩之茶屋小学校と今宮中学校が同校を継承することになった。

＊

一九二一（大正一〇）年から釜ヶ崎の海道町には、邦寿会《ほうじゅかい》（サントリー創業者・鳥井《とりい》信治郎《しんじろう》が生活困窮者のための奉仕団体として設立）の今宮無料診療所（MAP D⑬）があった。ただそれもすでに当地を去っており、釜ヶ崎の日雇い労働者にとって済生会今宮診療所（その後、大阪医療センターとして拡充し、あいりん労働福祉センターに移転）だけが命綱だった。その他、今宮警察所（現・西成警察署）西隣にはキリスト教系の聖心セツルメント（MAP D⑭）もあった。

良寛先生は、釜ヶ崎を「病める巨象」や「アリ地獄」にたとえた。人間関係の複雑さや世間から偏見をもたれているばかりではなく、制度的・機構的に不利益を押しつけられていることを熟知していた知見から発せられた言葉であろう。「今宮診療所のやり方が、当たり前の医療として受け取られる世の中に一日も早くなってほしい」と切望していた。

良寛先生が強調していた「町ぐるみの構想」が結実するのは、そう遠くないことかもしれない。

勤労と就学

久保田権四郎《くぼたごんしろう》（久保田鉄工所創業者）らの尽力で大阪市南区に誕生した私立徳風小学校は、校舎を初代の南高岸町から広田町に新築移転した（一九二一年、大阪市に移管）（MAP B❻）。いずれもスラム街に近接しているという立地条件に変わりはなかったが、とくに広田町時代には、地元以外にも下寺町や今宮町まで校区とするようになっていた（大阪市徳風調査部『大阪市立徳風尋常小学校通学区域図』一九二四年）。当時も現在と同じように通学区は存在していたから、まさに「越境」を前提としたもので、「貧民」日雇い労働者の子どもたちは、地元の尋常（高等）小学校ではなく、篤志家が創立した「貧民学校」に通う仕組みになっていた。裏を返せば、一般の学校からの隔離・収容であるが、通える学校が存在せずに「教育棄民」となることを考えれば、社会事業としての教育機会の保障があっただけ、よかったのかもしれない。

＊

伝記では権四郎の性格を「彼の大勇猛心は困難が加はれば加はる程倍加されて行つた。彼は絶望といふ事を知らなかつた。災難で失つたものは人の三倍五倍働ひて取返して見せるぞと奮ひ立つた。彼の仕事への精神は剣道の極意と全く同じであつた。自己をその中に没入させるのである。成り切つてしまふのである。……さうなると仕事が一層身に入り面白味が加はり職場は明るく苦は楽と変つて、仕事は面白いやうにズン〳〵出来てゆく」と記している。徳風小学校の創立についても「これは全く献身的努力である。ましてや久保田氏の場合は、自分の事業のみで一分一秒も惜しいのであつた。それを犠牲にしての努力である。人の動かぬ筈はなかつた。一年立ち、二年立つうちに氏の愛情はひそかに実を結び始めた。天野氏およびその部下の人々の努力の大きかつたこともちろんである」とされている（狭間祐行『此の人を見よ―久保田権四郎伝』）。

ここに登場する「天野」とは、天野時三郎難波署長のことである。慶応三（一八六七）年一〇月に淡路国《あわじのくに》津名郡《つなぐん》鮎原《あいはら》村（現・兵庫県洲本市）の旧家に生をうけた天野は、大阪に出て巡査となり、一九一〇（同四三）年には難波署長となる（片山滴園編『御大礼記念淡路之誇』上巻、実業之淡路社、一九二九年）。同じ大阪府警の中村三徳《なかむらみつのり》保安課長（大阪自彊《じきょう》館《かん》創設者）、武田慎治郎曾根崎《そねざき》署長（私立心華小学校関係者）などと並んで、当時の社会事業にかかわった中心的な存在ではあるが、その業績は、一九二〇（大正九）年創設の大阪市社会部の初代部長としてのほうが知られているかもしれない。社会部の前身である救済課長時代の天野の談話として、「欧洲大戦の影響を受けて好景気の反動として経済界

天野時三郎
1867.10. —～ 1928.10.30

の不振を生じた為にぼちぼち失業者が多くなった様であるが今後の社会問題の中心は就職問題であるから市は之に備えねばならぬ、そこで現在の十箇所の職業紹介所だけでは到底仕事が仕きれないので更に十箇所を増設するわけである」と新聞は伝えている（『大正日々新聞』一九二〇年二月二二日付）。時の市政は、大阪府警時代からの上司であり、懇意にしていた池上四郎が舵《かじ》取りをしていたが、勤労に直結する「職業（紹介）事業」と天野のかかわりは、このころから深かったのである。

＊

その徳風小学校はすでに一九二七（昭和二）年、大阪市立徳風勤労学校と校名を変更していたが、一九三八（昭和一三）年になって、釜ヶ崎の中心地ともいえる西成区甲岸町に移転する。「勤労学校」とは耳慣れない名称であるが、理念自体は、二宮尊徳《にのみやそんとく》の報徳思想を基本としており、実際には通常科目のカリキュラムよりも労働時間を重視するもので（尋常科で履修科目の三分の二、補習科は半分以上が作業時間となる各種学校）、日雇い労働者の師弟は学業よりも「勤労」によって社会に奉仕することが義務づけられていたわけである。ゆえに釜ヶ崎に対する認識も次のように予断と偏見に満ちている。

誠に簡易宿の群居離居の生活は、汽船の三等室に居て長旅を続くる如《ごと》く、一般人ならば到底明日の仕事に堪《こた》えざるべし。……然《しか》も全国より集まり来れる故に言語、風俗、習慣を異にする故と、極道生活をなせる人々の多き故に、顔役の居りて統御《とうぎょ》もし煽動《せんどう》もし、事を起しては之を静めて酒を飲むあり、或《あるい》は金を借りて返さず、小言でかへす横着者もあり、楽をして金儲《もう》けせんとする不道徳漢も少からず、……乾分《こぶん》をつくって威勢を示すあり、誠に人情は

種々様々の社会相を現出す。（大阪市徳風小学校『我が校教育之概要』一九三八年）

こうした認識と教育政策自体が、釜ヶ崎の地で、のちに多くの「教育棄民」を生み出すことになる。

＊

時は敗戦後の釜ヶ崎にタイムスリップする。敗戦後、徐々に簡易宿泊所（ドヤ）街が整備されつつあった釜ヶ崎では、戦前からの大阪市の社会事業の拠点が復活するようになる。一九五〇年代になると、復員した兵士や失業した人びとなどに対する「収容」事業を西成署（旧今宮署）管内でおこなわれることになる。その一環として大阪市が改正した「授産場規則」には、旧生活保護法（新生活保護法は一九五〇年五月四日公布・施行）にもとづく「生活保護」世帯に「適当な仕事の仲介、斡旋《あっせん》、指導、授職または授産の場所もしくは機会を与える」ことが明記されていたから、大阪市でも授産場の設置が焦眉の急であった。

徳風勤労学校（1940年代）

一九六一（昭和三六）年には「第一次釜ヶ崎暴動」（実際は「暴動」ではなく、日雇い労働者の異議申し立て行動）の対策として、愛隣会館が設置されていたが、その付属授産所が置かれたのは、すでに一九五五（昭和三〇）年に開館していた西成市民館の東隣であった。西成市民館は、戦後としては「最新」のモデルとして、今宮市民館（一九四〇年開設、旧今宮保護所）の改修・移転の位置づけで開設されたものであり、その場所として白羽の矢が立ったのが、敗戦後に廃校となっていた、かつての徳風勤労学校（徳風国民学校）の一部である「講堂」（MAP D⑨）だった（前掲『我が校教育之概要』）。そして、その一角には、今宮市民館時代から同居し移転してきた、済生会今宮診療所（設置当初は浪速区貝柄町）が居を構えることになる。

＊

では、敗戦後に廃校となった徳風国民学校を継承するような、日雇い労働者の子どものための学校が存在したのか。結論からいうと、彼らはながく「教育棄民」として放置されていた。にわかに信じがたい話であるが、彼らは学齢期がきてもその生活実態が把握されずに学校現場から実際に排除されてきたわけであり、まさしく教育行政の怠慢にほかならなかった。通学機会を保障していた戦前のほうがまだましであり、最低限度の生活保障を謳《うた》った日本国憲法第二五条の精神は、釜ヶ崎では〝蚊帳の外〟であったわけである。

そうした事態に大阪市がようやく対応しはじめたのは、一九六二（昭和三七）年のことで、大阪市立萩之茶屋小学校（MAP D⑮）と今宮中学校（MAP D⑯）の分校として「あいりん学園」を発足させ（当初、西成警察署東隣のプレハブ仮校舎で授業）（MAP D⑰）、翌六三年には「大阪市立あいりん小・中学校」（MAP D⑫）として独立し、愛隣会館の四、五階と屋上に移転することになった。当時、指導員として児童の通学奨励などの世話をしていた小柳伸顕《こやなぎのぶあき》は、愛隣会館の「裏口」から入るように言われたことや、着任初日に会館とあいりん学園を訪れた時のことを自著『教育以前』（田畑書店、一九七八年）のなかで述懐している。

その裏口をさがすと、それはほんとに「裏口」であった。でもそこには「あいりん学園、大阪市立あいりん小学校、大阪市立あいりん中学校」の表札があった。うす暗い細い廊下兼自転車置場を通って階段をのぼる。四階に学校があるという。各階の入口には鉄の扉がついている。四階まではなかなか大変である。四階の鉄の扉の上には「大阪市立あいりん小学校」と案内板が出ている。この扉が、この学校の正門ということになるのかも知れない。重い扉を開けると、これまたうす暗い廊下があって、校長室のプレートがみえる。校長室と言っても特になんていうことはない。一つの部屋といっても五〇平方メートルの部屋を六分して使用している、その一つである。……それもみんなロッカーや衝立《ついたて》などの間仕切りなので、声はみなつつ抜けである。……校長の案内するままに、階段を下りて三階にある生活指導室に入る。……四月末とは言え、北向きの全く陽のさし込まぬ生活指導室は、うすら寒い感じさえした。

＊

そして、同校は一九七三（昭和四八）年、新校舎を東入船町の市営今宮住宅跡に竣工させ（MAPD⑧）、校名を「大阪市立新今宮小・中学校」へふたたび変更する。一九八四（昭和五九）年にはその使命を終えて二二年間の校史の幕を閉じることになるが、日雇い労働者や「貧困者」の子どもの多くは、ここでようやく一般の子どもと同様に、公立学校へ通学できるようなったのである。

子どもの貧困率がきわめて高い「先進国」日本の現状と重ね合わせて考えるとき（OECD調査）、徳風小学校やあいりん学園の歴史から、私たちは何を教訓にできるだろうか。

補論　近代地図から読み解く都市大阪

はじめに

近代都市図（おもに銅版などによる版行図）と呼ばれるものが、いったいいつごろから作られはじめたのだろうか。この問いへの答えは、なかなか見出しにくい。町屋・街路・河川・橋梁・旧跡などの描き方の継承や、同じ系統の版の使用や印刷の工程など、技術や工夫といった近世の絵図との関係を考えれば考えるほどむずかしくなる。

国絵図・郡絵図などに相当する官製図については、一八六九（明治二）年一二月に行政官から府県と諸侯（土地を所収していた大名）への「達《たつし》」が出され、相給地（複数の領主が所有する土地）などをふくめた近世期に特有の複雑な土地領有関係の転換が、維新政権によっておこなわれた（以下、典拠は『法令全書』）。この「達」をもって近代地図作製は事実上の黎明をむかえたことになるが、その編纂がおもに民部省・大蔵省および兵部省の官僚主導によって推進された点を考えあわせれば、六九年五月に民部官に庶務司戸籍地図掛が設置され、翌七〇（明治三）年六月に民部省から各府県へ出された「達」によって、官主導の近代地図作製事業が開始されたとするのがより正確だろう。なぜならば、天保国絵図を縮図として尊重しつつも、府藩県主導で地形を実測するよう命じたものであり、さきの行政官による「達」に比べて、近世の国境を線引きし直すという意図を強調していたからである。

その後、一八七一（明治四）年七月に民部省が廃止されるにともない、大蔵省租税寮で従来の事業が管轄されるようになり、翌七二（明治五）年一月には太政官達《だじょうかんたっし》によって大蔵省地理寮が発足する。さらに翌七三（明治六）年一一月の内務省発足によって、工部省から引き継いだ測量司（一八七一年八月設置）および太政官正院内史地誌課（一八七一年六月に設置された太政官政表課が起源）の業務が移管・統合されることになる。そして一八七七（明治一〇）年の太政官達により内務省地理局と改称し、全国大三角測量と地籍調査の実施をおもな業務とする。

一方、一八七一年七月、兵部省では陸軍参謀局を設置し、間諜隊《かんちょうたい》を併設した。翌七二年二月に兵部省が陸軍、海軍両省に分割された際には、陸軍省参謀局として存置したものの、一八七三年四月には測量地図や絵図彫刻をつかさどる陸軍省第六局へ改組された。一八七八（明治一一）年一二月、陸軍省参謀局が廃止されて参謀本部が設置されるにともない、地図課・測量課として改称され、基本的な測量事業が一元化された。その後測量局に昇格するなどして、一八八八（明治二一）年五月、勅令により参謀本部内に陸地測量部が設置されると、三角・地形・製図の三課および修技所に組織変更、一部局から本部長直属官庁へと位置づけ直される。このように、内務省地理局（民部省・大蔵省両系統）と、大日本帝国陸軍陸地測量部（兵部省系統）を概観しただけで、紆余曲折ぶりがわかる。

とはいえ、この補論は、こうした官僚主導の国絵図の作図過程とその内容を明らかにしようとするものではない。近代地図の作成が国絵図編纂の意思を継承する官製事業として進められる一方、都市図の作成と普及は明確な法的根拠をもたないままに、開化啓蒙期に特有の民間需要に応えるかたちでおこなわれた。従来から版行図に造詣の深い旧町人（町屋の平民）らによる出版事業が町方で本格化するにともない、民間での需要の増大のなかで着実に地歩を固めつつ、展開・繁盛していった。

こうした近代都市図の特性を重視して、明治初年の大阪図に刻印されたさまざまな指標から、近代都市大阪形成の一端を読み解いてみたい。ただし、一八八五〜八六（明治一八〜一九）年ごろを境に、さきにみた内務省や陸軍の手による実測図や地形図が仮作製かつ限定的ながらも登場するわけであり、実測図・地形図が登場して版行図の技法に影響を与える以前の、一八八三（明治一六）年あたりを下限としたい。一八七二〜八三年のほぼ一〇年間に刊行された版行図から読み得る近代都市大阪の形成に関する情報について、歴史資（史）料も参考にしながら、近世都市が近代都市へと変貌する過渡期の様相を近代地図の諸情報から読みとっていきたい。

1 大阪市区改正とその変遷

維新政権の発足以降、町や組を基礎単位とする共同体の管理運営および秩序形成に直接影響する、大阪市中の行政区画が目まぐるしく変転する。それゆえ、版行図にはこれらの情報が適宜刻み込まれることになる。本節では総合的な視点から当該期の市中における区画の変遷を概観し、それがいかに版行図に反映されたかを確認していきたい。

まず、一八六九（明治二）年二月に新政府によって制定された「府県施政順序」において、新たな行政による職掌事項の大綱が示された。とはいえ、大阪府（慶応四年五月、大阪裁判所から改称して成立）としては、旧三郷《さんごう》のなかから民情に精通した議事者を選定して衆議をつくしたうえで、同年六月、大坂三郷（天満《てんま》組・北組・南組）を廃止し、新たに東・西・南・北の四大組（その元に複数の町組を編制）を設けた。三郷惣年寄《そうどしより》を廃止した結果、大組（大年寄）→町組（中年寄）→町（町年寄）→五人組（月番）といった行政系統が生まれた。

政府は一八七一年四月、戸籍法を制定して居住地にもとづく戸ごとの戸籍を編制することになったが、大阪府はこれにしたがって、同年五月、人口・戸数の平均をとるために各大組を組（い、ろ、は……）にわけ、その下の数町をあわせて番（一番、二番、三番……）とした。この番ごとに少年寄がおかれ、従来の町年寄は廃止された。翌七二年三月、大阪府は再度大組内の区画変更をおこない、組および番を廃止して新たに区を設けた。これにより、四大組の合計は七九区五三二カ町・付属地二一カ所となり、行政系統は大組（大年寄）→区（中年寄）→町（少年寄）→五人組（組頭）と改編されることになった。同時に大阪府内の東成、西成、住吉の三郡については、分区されてその下に番組（組村）がおかれ、それぞれ三区二三組、五区四五組、二区一九組となった。なお、この区画改正以後、市街地については南北の道路を○○筋、東西の道路を△△

通と呼ぶようになったとされている。

こうして落ち着いたかにみえた行政区画は、七二年一〇月の大蔵省による大区小区制の実施（大区に区長、小区に副区長）によって、またも変更を余儀なくされた。しかし、新たな地方制度の創出にあたって地方公共団体を所管していた内務省（一八七三年一一月発足）の強制力は弱く大阪府はすぐには応じなかったが、一八七五年四月、大区小区制によって既往の東・西・南・北の人組を第一・二・三・四大区、周辺の東成・西成・住吉・島下・島上・豊島・能勢の府内七郡をそれぞれ第五・六・七・八・九・一〇・一一大区とし、各区を小区とあらためる。この区制の変更は戸籍調査を主たる目的としたものであったため、伝統的な自治意識に支えられた共同体運営と矛盾する点も多々発生していた。諸矛盾を解消するため、大阪府では一八七九年二月、大区小区制を廃止して管内を分割し、大阪市中はふたたび東・西・南・北の四区になり、東成、西成、住吉・島下・島上・豊島・能勢の郡名も復活した（それぞれに区役所、郡役所を配置）。以降、一八八一年二月には堺県の廃止にともないその全域が大阪府内に属すこととなり、大阪市中および摂津七郡と河内・和泉・大和（一八八七年一一月に奈良県成立）を管轄するにいたる。

このような近代初頭の朝令暮改的な大阪府の行政区画と職務分掌の変遷は、川口の外国人居留地に隣接して新築された江之子《えのこ》島の大阪府庁舎から発せられていたが、必然的に地図に刻まれる情報にも影響を与えることになる。地図情報に本来ならば同時併存しないはずの施設や機関が刻印されていたり、付箋のような付け書きがあったりするのはそうした事情を示している。あるいは一八七二年に作成されたはずの地図が、一八七五年以降にも補訂をされて刊行されたように

（『大阪市中地区町名改正絵図』）、刊行の時期は版元の判断によって決定されていったのである。版元が町屋の自治的な事情に通じていればいるほど、地図情報の更新については敏感にならざるをえなかった結果であるともいえよう。

2 衛戍地としての城趾

維新政権は早くから大阪を直轄地として編入し、大阪市中の町組も薩摩、長州、安芸《あき》、岸和田の各藩による取り締まりの対象となった。行政庁としては一八六七（慶応四）年五月、大阪裁判所が改称して大阪府となったが、軍事面では幕末維新期の動乱が一部いまだ収束していなかったため、一八七〇年一二月になってから大阪兵学寮（のち、陸軍兵学寮）に生徒が入学する体制がとられはじめていた。以下、大阪城趾《し》に刻まれている「鎮台」「本営」などの文字が示す軍制の歴史的変遷をみていきたい。

一八七一年八月、大阪鎮台が大阪城趾に置かれ、山城、大和、河内、和泉、摂津、紀伊、丹波、播磨、備前、美作《みまさか》の広域を管轄して常備兵が配置され、一八七三年一月に公布された徴兵令によって軍隊駐屯の常態化が促進される。その前日に新たに鎮台条例が制定されて大阪鎮台が第四軍管（旅団の組織可能な兵員を擁立）となり、その下に第八師管（大阪、戦時に聯隊を編制）、第九師管（大津）、第一〇師管（姫路）を統括することになっていく。このことは、城趾周辺の軍事関連施設の整備拡充を大きく後押しする（一八八八年五月、鎮台は廃止、師団制により大阪は第四師団のもとに歩兵第七旅団―第八聯隊に再編、大津、姫路も改称)。

一八七五年時点の地図からは、前年五月に編制を完了したばかりの歩兵第八聯隊が営所を置いたこともあり、兵隊営、砲隊営、調練場などが設けられ、その一、二年後には兵隊営が占有地を西側にやや拡張していることがわかる。また、大砲鋳造場(のち、砲兵工廠《こうしょう》)なども新設されており、一帯が衛戍地《えいじゅち》としての重要性を高めていることがわかる。事実、陸軍省の記録によると、当該期の常備兵は、歩兵一九二〇人、砲兵一六〇人、工兵八〇人の計二一六〇人だったことがわかる(輜重兵《しちょうへい》は除外)。一八七九年に大阪市中に四区制(東・西・南・北)が敷かれたのにともない、鎮台周辺はそれまでの東成郡から東区に編入される。一方、西南戦争を最後に士族反乱が一段落するころ、大阪市中でもコレラが猖獗《しょうけつ》を極めたため、陸軍では臨時病院を開設し、鎮台の周辺および第四軍管の管轄域に養生室や専用の病室を急遽しつらえ、患者の収容と治療にあたった。避病院なども用意されつつあったが(一八七七年に難波村、野田村、長柄《ながら》村、市岡新田に設置)、パンデミック(世界規模の感染症)への対応には機動性のある対策が重視され、患者の収容と治療には軍隊の協力が必要不可欠な状況であった。

3 身体の規律と学校・工場・監獄

前節でみた軍隊は、近代的身体の育成を強制する装置にほかならないが、日常生活のあらゆる場面に身体の規律が導入される。時刻表示にもとづいた一斉の行動や、綿密なプログラムなど集団性や規則性によって新たな規範を人びとの心身に移植し、はては歩行の方法までまさに一挙手一頭足を管理することは、近代国民国家がめざした文明の具体的な姿であった。

そうしたディシプリン（訓練・規律）を可能にした装置こそが、学校や工場、監獄であった。教員にむかって同一方向に座して授業を受ける態勢を整える学校、一定時刻に操業を開始し同一時刻に休息をとり就業を終える工場、均質な構造によって仕切られた獄舎と監視下で懲役を科す監獄、これらはいずれも不定時法のもとでの江戸期の寺子屋、商家、牢屋《ろうや》にはなかった新たな規律を遵守する近代的空間である。教育、労働、罪刑といった一見無関係にみえる空間のすべてが、近代化・文明化によって錬成し直されていく。

一八七二（明治五）年八月の学制によって一律な設置が謳われた受益者負担による小学校をめぐっては、従来の読み・書き・算盤《そろばん》を重んじる商家などから反発を招いた。一部の地域共同体では、近代化による負担増の象徴として焼き討ちの対象になるなどしたが、京都とならんで学制発布以前から学校制度を採用していた大阪市中では、あいついで仮教場であったものの小学校が開校された。小学生心得なども制定され、就学時間、挨拶励行、備品取扱などの校則が決められ、読物、算術、習字、書取、作文、問答、復読、体操などが教授された。

一方、大川沿いの造幣寮（造幣局）や、堂島の藍製造所なども順次操業を開始したが、これらはいずれも大阪商法会議所を設立することになる五代友厚《ごだいともあつ》が誘致したものであり、一八七七年新設の造幣局は、熟談のうえで五代が大隈重信へ直談判《じかだんぱん》したことでよく知られている。また、一八七六年創業の藍製造所は、おもに東アジア市場（中国大陸や朝鮮半島）への藍の輸出をおこなうことを目的にしたものであり、就業規則にもとづいて操業された。

学校や工場が市中の中心や運輸の拠点におかれていたのとは対蹠《たいしょ》的に、町奉行所付けの與左衛門《よざえもん》町の囚獄は、中之島（監倉）、若松町（懲役場）へ移設後、西成郡北野村・川崎村へ新設・移転し「堀川監獄」と改称される。ここは江戸期の与力・同心や、四カ所のうちの天満長吏《ちょうり》が拠点とする領域に近接しており、その意味では被差別共同体への組み込みとしてみるべきであろう。これに対して、司法面では裁判所が中之島（のちに大阪市役所が設置）に、道頓堀川ほとりに新設された上等裁判所も江戸堀へ移転し、警察本署もその近隣におかれることになる。

4 交通網の整備と鉄道・橋梁

東海道本線の全線開通に先駆けて一八七四年五月、大阪—神戸間の官設鉄道が開通し、つづけて一八七七年二月、大阪—京都間の官設鉄道も正式開業した。大阪市街から東西への旅程の拠点となる鉄道駅舎は、当初堂島付近に建設される予定であったが、一部勢力の根強い反対があったうえ、京都行きの敷設をできるだけ迂回せずにおこなおうとしたため、曾根崎《そねざき》村の梅田三昧《さんまい》、すなわち江戸期の七墓《しちばか》址のひとつに造られることになった。この梅田ステーション（庶民は「ステンショ《（所）》」と呼んだ）は、一八七四年の神戸行鉄道の開業にともなって建造されたもので、伝統的工法を踏襲していたとはいえ、いまだ新橋—横浜間でしかみることができなかった鉄道の関係施設であり、まさに近代化・文明化の象徴であった。

しかし、開業当時は駅舎へいたる道も未整備の野道でしかなく、数年後にようやく西側から駅前にいたる新道が整備される。一八七八年には新堀が開削されて、ロータリーらしきしつらえが街灯とともに登場する。いまだ道路よりも水運が主だった明治初年には、掘割と街路が駅舎へむかう人びとや荷物を運んでいたわけである。のちにこれら既設の鉄道は、鉄道国有法（一九〇六年）により国営となっていく。

一方、主な河川の橋梁も木製から鉄製のものへと順次掛け替えられていく。その嚆矢《こうし》は、江戸期に紀州街道、亀岡街道など主要な往還道の起点であり、高札場も設けられていた公儀橋たる高麗橋であり（東横堀川）、一八七〇年にイギリスから輸入された錬鉄製の橋桁《はしげた》が用いられた（全国で三番目）。その後、一八七二年に鋳鉄製アーチを用いた新町橋、一八七三年に鉄製ボーストリングトラス構造の心斎橋、一八七五年に鉄製桁橋を採用した雑喉場《ざこば》橋と難波橋、一八七七年に長堀橋の順に鉄橋化が進み、一八八二年ごろまでには十数橋が鉄橋となった。なかでも一八七三年製の安治川《あじがわ》橋は大型船舶の航行のために、船の通行にあわせて中央部分が回転して航路を開ける可動橋として活躍した。

近代初年に鉄橋化を促進したのは、賃銭橋（通行料を徴収する）を認可する布告が太政官から出されたからでもあるが、大阪ではとくに一八八五年の大洪水でほとんどの橋梁が流出してしまうという未曾有《みぞう》の災害に直面し、鉄橋の需要が高まったことが理由である。また、橋梁の構造的強化は、そのころ市街地に登場した人力車の通行との関連があった。比較的大きな動輪をもった人力車が、車夫をふくめ複数人を乗せて一挙に駆け抜けることは木造橋の耐久性の面からしてやはり問題であり、鉄橋化によって大勢の通行や風水害の際にも耐える丈夫な構造にすることは喫緊の課題であった。そうした対策は、やがてむかえる市電の通行と交通機関の発達にも呼応していくことになる。街案内をになう地図に鉄橋が記号を駆使して明記されたことは、文明化の象徴である観光対象であるのと同時に、人力車などの公共型交通の通行可能などを示す意味もあったといえよう。

5 遊興空間の再編と文化

日常庶民があまり目にすることのない文物を一堂に会して陳列する仕掛けは、啓蒙・文明の推進役として重要な装置となる。いまだ西洋型の博覧会に比肩するにおよばなかったとしても、神社仏閣のご開帳といった私的で臨時的な領域には収まりきらない意味をもち、人びとに近代化への意識を恒常的に植え付けるために特別な役割をはたす。一八七七年の第一回内国勧業博覧会が徳川家の菩提寺《ぼだいじ》・寛永寺のある上野の地で開かれ、封建的主従関係を否定して国民国家像を描くことを至上命題としたように、それに先行する一八七五（明治八）年にかつての西町奉行所趾（本町橋詰）に大阪博物場を開設したことは、幕藩権力の末端組織の政治性を払拭するというメッセージを自然に発することにつながったであろう。

もとより同地は、大阪鎮台営所→大阪裁判所→大阪府庁舎と、すでに行政府（前二者はのちの司法府とは別）が構えていた場所であったが、府庁舎が江之子島《えのこ》へ移転して以降、万人が立ち入ることのできる教育・啓蒙機関として機能させたことは、別の意味で近代化への思想を醸成することになったであろう。のみならず、大阪博物場は、博物館、美術館、商品陳列所、動物園などを併設した総合施設であり、「各地ノ物産ヲ蒐集シ其原由直価ノ当否ヲ一目ノ下ニ瞭然タラシメ、其精粗ヲ評判シ其直価ヲ審定シ、四方商客ノ便利ヲ取リ、府下売買交換愈《いよいよ》盛大ナランヲ期スル」ことを目的とし、その後もながく発展・拡充を遂げていくことになる。

書籍館《しょじゃくかん》もまた、読書をうながし、典籍・図書の類を万人が閲覧できる教育空間として機能し、経済、政治、歴史、文化、思想などについて温故知新に浸り、かつ近代思潮にふれることを可能とする。博物場がいわば実物による文化摂取の場だとすれば、書籍館は文字によるそれだといえよう。ただ実際のところ、当時、読書には相応の学力を必要とし、それ自体が意欲や学識に支えられた営みであったから、その機会を得るのは学校という教育機関に通う限られた市民に相違なかった。書籍館が小学校や中学校といった初等教育機関に隣接（最初は寺院の境内）された所以《ゆえん》である。

一方、庶民娯楽の要素は近代化の速度にあわせて消去するわけにはいかないし、その必要もなかった。芝居小屋を舞台とする遊興空間では、文楽、歌舞伎などが江戸期の特色をそのまま継承して上演され続ける。道頓堀では川八丁（八の町）の繁栄にあわせて、大西の芝居、角の芝居、中の芝居など名代《みょうだい》（興行権の持ち主）となっていた小屋以外でも数々の芝居が演じられていた。近代に入ってからは、「角座《かどざ》」「中座」「戎座」「朝日座」「弁天座」などいわゆる道頓堀五座として観覧、食事などの一切を世話する芝居茶屋や料理屋なども建ち並び、ながく昼夜を問わない遊興空間として人心をとらえていく。こうした歓楽地は地図情報から外されることはなく、時々に変更される座名が刻まれていった。

6 四カ所・七墓と摂津役人村

これまでの節では市街中心、すなわち町屋の変貌を点描したが、これに比して被差別民のコミュニティはどうであろうか。以下では、「長吏《ちょうり》」（「非人」）、「三昧聖《さんまいひじり》」（「隠亡《おんぼう》」）、「皮多《かわた》」（「穢多《えた》」）をめぐる身分制廃止（明治四年八月二六日）以降の問題を考察したい。

犯罪人の捕縛など市中の治安を役負担としていた四カ所（道頓堀、悲田院《ひでんいん》、鳶田《とびた》、天満）およびその配下の十三組小屋頭などの「長吏」も身分的に解体されていく。同時に近世の「非人村」の絵図への刻印は、弘化年間から「長吏」らの異議申し立てによって削除する方向へと動き出していた。まず、明治以後の四カ所の消長を概観しておきたい。

大阪裁判所は一八六七年二月、長吏を非人小屋頭と改称し、市中取締方の配下へ編制するとともに町中からの貰い物の禁止などを指示する。つづけて大阪府は、同年六月に非人小屋頭を四カ所年寄と改称し、四カ所への給料（施物）の支給方法も改訂する（一八七一年二月）。さらに一八七一年四年には、四カ所の手先一〇〇人を「取締番卒《ばんそつ》」（＝「探偵掛《がけ》」）として採用し、捕亡掛の四出張所（四大組のもとに一八八〇年八月設置）の所管とする。翌七二年四月には四カ所の入用・取締入費などの廃止を打ち出す。あわせて、無鑑札の非人の止宿を禁止する木賃宿稼人宿営業規則を公布（一八七一年一月）し、非人、乞食、辻芸、門芝居などの取り締まり（一八七二年四月）と立て続けに強権策を実施する。こうしたなか、天満の「非人屋敷」が入札によって落札される（一八七二年一一月）。しかし、長吏頭らが仲間仕法にもとづいて運用していた高原会所（のちに徒刑場↓懲役場↓既決監獄署となる）は、しばらく瓦町の地図に記される場合があった。

一方、人の生老病死にかかわる施設のうち、他界する際には多くの人手と儀礼が必要となるが、近世には七墓（千日前、鳶田、小橋《おばせ》、蒲生《がもう》、葭原《よしはら》、浜、梅田）が存在していた。墓所は火屋とも呼称され、「三昧聖」が墓所の管理・死者の埋葬などを取り仕切っていた。彼らは、坊舎に居住し（千日前の場合は、六坊＝東之坊、西之坊、北之坊、南之坊、中之坊、隅之坊）、それぞれに婚姻関係、縁組みをして家督を相続していた（ただし、蒲生には三昧聖は不在）。ところが一八七三年八月、太政官より「火葬ノ儀自今禁止候条此旨布告候事」との布告が通達されると、それまで身分制社会において担保されていた「三昧聖」の収入の道は閉ざされることになった。さらに翌七四年には七墓が阿倍野、岩崎新田、長柄の三つの近代的墓地へ移転・統合されることになり、事実上近世の町墓は姿を消し、身分制のもとの特権も否定されることになった。火葬自体は一八七五年五月に解除されるが、このとき、火葬の官許を取得したのは「三昧聖」とは血縁的に無関係の西澤新右衛門ら八人であった。西澤らはさきの三つの近代的墓地の管理・運営を住友財閥と提携しておこない、葬儀専門の八弘社（のち、大阪八弘株式会社）を結成する。

しかしながら、「長吏」「非人村」と相違して、近代の版行図には浜、梅田、蒲生などが「三昧」として記載されている場合があり、七墓の完全な移転・統合は遂行しえなかったという事実が示されている。あわせてこのことは、墓所の存在が日常生活のなかで近代以降も重要度を増していたことを示していよう。

さらに、旧渡辺村（摂津役人村）の歴史的呼称としての「穢多」（時には「皮多」）も、近代版行地図の情報から抹消される。南部には村内の截然《せつぜん》とした区画が、その時々の行政区画名とともに書き出されるだけである。しかし、共同体内では、2節で概観した近代の軍需を基幹から支える皮革業が成長しはじめていた。

近代以降の皮革業の隆盛と都市部落としての変容については、本論でもいくつかのトピックスに絞って紹介してきたが、市域南部に位置する皮革工場や関連業者の中小工場、さらには家内制手工業の作業場の詳細は、版行図に記載されることはまったくなかった。このことの背景には、旧渡辺村が近代初頭に西大組でありながら、その後西成郡に編入されていくといった事実や、都市形成に連動する皮革産業に対する職業観の問題が存在していたことを見逃してはならない。

おわりに

近代都市図から読解しえる主要な特徴については、以上のような俯瞰図《ふかんず》となろう。東の衛戍《えいじゅ》地、西の府庁舎、南の皮革工場、北の駅舎など、軍隊、政治、産業、交通の中枢空間がそれぞれ出現するわけであるが、総体の共通項として見出しえるのは、身分制社会の特性の否定、すなわち封建的（徳川家的・幕藩体制的）な権力・権威や、それによる表象の払拭と、新たな近代的装置の登場ということになろう。しかし、軍事拠点化のための城趾の活用と再権威付け、交通網整備の一環としての公儀橋の鉄橋化、非日常性の演出装置としての芝居小屋（櫓《やぐら》）の継承など、身分制社会の残影を新たな近代的権威へと積極的に再構築して機能させる場合も多く存在したわけである。そのかぎりにおいては、短時間で社会構成的要素を完全に組み替えることは不可能で、最小限度において既往の共同体規範にそくした秩序を活用していくしか方途がなかったといえよう。朝令暮改的な行政機構の再編は、そうしたせめぎあいの象徴的な出来事と考えられる。

いうまでもなく、身分制的呼称は、法制面での制度改革、ないしはそれに付随する物理面での移転・移動・解体によって消滅していく。一方で、近代的諸要素（衛戍・教育・司法・病院・鉄道・博物など）が、市中の中心部（截然とした街区）に新たに刻印されていくことと対比すれば、インナーリングによる都市形成の契機が明瞭に表現されているといえよう。すなわち、旧三郷の城下町＝オールドシティを取り囲むように同心円的に形成されていく無秩序で自然発生的な市街地へむけた、共同体との政治的力関係を視野に入れた緩やかな助走期間であったのである。

やがてそれらは、墓所、火葬場などの共同利用施設、塵芥《じんかい》処理場、屠場など食と排泄にかかわる衛生施設、避病院や監獄など隔離収容施設、遊郭などの遊興施設として近代の都市空間から峻別された。そして部落やスラム、寄せ場に近接ないし内部に重層的に組み込まれ、外形的な平等・公平を担保する日本型「市民社会」（物理的に市街中心部とその周縁）へと転形していくことになる。

さらに、日露戦後経営期にその萌芽が確認され、第一次世界大戦以降に本格化する社会事業においては、周縁化された部落、スラム、寄せ場などの生活環境を改善・矯風していくための具対策が実践される（年表参照）。そこには、内務省官僚、行政警察関係者、社会事業家、宗教家、教員などが末端まで組織されている。そしてその原型は、すでに〝大大阪〟となる一九二五年以前にほぼ完成しているのである。

すなわち、内務省主導で一九一〇年代から唱導されてきた部落に対する改善方針（計画）が、対象を選定して普遍的に適用される段階に差し掛かっているわけである。その方針には、「国の基礎を鞏固《きょうこ》にするのには、どうしても地方の実力を養ひ地方民の風紀を進めると云ふことが必要なことであります。……近年内務省の方針と又地方の有力者篤志家等の御尽力に依り漸次改善に進みつゝある状況であります。それで是等の部落の中に於きましても、警察官庁の指導と諸君の如き篤志家の御尽力並に、其地方住民各

近代都市大阪・関係略年表（1875 ～ 1925）

年	機構・施設
1875	大阪府立博物場
82	新田帯革製造所、大阪監獄署（堀川監獄）
96	大阪市立桃山病院
1909	愛染橋保育園・夜学校
11	有隣小学校、徳風小学校、大阪職業紹介所
12	大阪自彊館
13	済生会今宮診療所
14	済生会本庄診療所・西浜診療所
16	済生会大阪府病院
18	大阪府方面委員
19	大阪市立今宮職業紹介所
20	大阪市社会部
21	大阪市立市民館、光徳寺善隣館、四恩学園、今宮無料診療所
25	第 2 次市域編入（“大大阪”）

年	出来事
1897	第 1 次市域編入
1903	第 5 回内国勧業博覧会
1904 ～ 05	日露戦争
1914 ～ 18	第 1 次世界大戦
1918	米騒動

＊本書に登場する主要な機構や施設に限定

自の自覚等に依て、既にそれぞれ改善の実を挙げて殆《ほとん》ど旧来の面目を一新し、最早昔日の感を呈しないまでに進んで居る所もあり、……而して之《しこう》を為しますには二つの方面を以てしなければならぬ。所謂物質上の改良と精神的の修養と云ふことを要するのであります」（『細民部落改善協議会速記録』一九一二年）とある。

本書で取り上げた人物の何人かについても、こうした内務省政策をになった当事者であるとの指摘があろう。それほどまでに、彼らの思考や実践は地域社会に浸透し、ついに共同体の規範として有効に機能していく。それは時として既往の共同体の自治的・自律的性格や、人びとの生活様式あるいは行動原理と相反する活動にさえなっていった。しかし、大局的には、公共性を第一義とする都市行政と、「市民」化する人びとの日常的営為とは、ある種のバランスシートを保持して「共存」していたわけであり、都市大阪の歴史的位相こそ、そのような現実的選択を迫られるところにあったわけである。

［**附記**］この補論とほぼ同じ論旨の文章が、『近世刊行大坂図集成』創元社（仮題、近刊）に掲載される予定である。

参考文献（五〇音順）

石井記念愛染園一〇〇周年記念誌委員会編・刊『石井十次の残したもの―愛染園セツルメントの一〇〇年』二〇一〇

今井修平・村田路人編『〈街道の日本史33〉大坂―摂津・河内・和泉』吉川弘文館、二〇〇六

碓井隆次『どんぞこのこども―釜ヶ崎の徳風学校記』教育タイムス、一九六六

江口英一編『日本社会調査の水脈―そのパイオニアたちを求めて』法律文化社、一九九〇

大阪刑務所編・刊『大阪刑務所創立一〇〇周年記念史誌』一九八三

大阪市編・刊『昭和大阪市史』第六巻（社会篇）、一九五三

大阪社会医療センター編・刊『大阪社会医療センター創立二五周年記念誌』一九九七

大阪社会事業史研究会編・刊『弓は折れず―中村三徳と大阪の社会事業』一九八五

大阪自彊館編・刊『大阪自彊館五十年の歩み』一九六二

大阪市市民局編・刊『六十一年を顧みて―大阪市立北市民館』一九八三

大阪市立桃山病院編・刊『大阪市立桃山病院一〇〇年史』一九八七

大阪町名研究会編『大阪の町名―大阪三郷から東西南北四区へ』清文堂出版、一九七七

大阪同和教育史料集編纂委員会編『大阪同和教育史料集』第五巻、部落解放研究所、一九八六

大阪府立北野高等学校史編纂委員会編『北野百年史—欧学校から北野高校まで』北野百年史刊行会、一九七三
大蔵省造幣局編・刊『造幣局百年史』本編・資料編、一九七四
小田康徳『維新開化と都市大阪』清文堂出版、二〇〇一
加瀬和俊『戦前日本の失業対策—救済型公共土木事業の史的分析』日本経済評論社、一九九八
加藤政洋『大阪のスラムと盛り場—近代都市と場所の系譜学』創元社、二〇〇二
鹿野政直『鹿野政直思想史論集』第5巻（射なおされる心身）、岩波書店、二〇〇八
川端直正『西成区史』西成区市域編入四〇周年記念事業委員会、一九六八
木下光生『近世三昧聖と葬送文化』塙書房、二〇一〇
旧街道等調査委員会編『大阪市の旧街道と坂道（増補再版）』大阪市土木技術協会・大阪都市協会、一九八七
光徳寺善隣館編・刊『光徳寺善隣館六〇年の歩み』一九八一
後々田寿徳「大阪博物場—「楽園」の盛衰」『東北芸術工科大学紀要』No.一六、二〇〇九
小林丈広『近代日本と公衆衛生—都市社会史の試み』雄山閣出版、二〇〇一
小柳伸顕『教育以前—あいりん小中学校物語』田畑書店、一九七八
済生会編・刊『恩賜財団済生会七〇年誌』一九八二
重松一義『図鑑 日本の監獄史』雄山閣出版、一九八五
柴田善守『石井十次の生涯と思想』春秋社、一九六四
柴田善守編『〈社会福祉古典叢書8〉山口正・志賀志那人集』鳳書院、一九八一
城間哲雄『部落解放史論集』城間哲雄遺稿・回想集刊行委員会、一九九八
新修大阪市史編纂委員会編『新修大阪市史』第五巻、大阪市、一九九一
杉原達『越境する民—近代大阪の朝鮮人史研究』新幹社、一九九八

高橋繁行『葬祭の日本史』講談社（現代新書）、二〇〇四
土井洋一・遠藤興一他編『〈社会福祉古典叢書2〉小河滋次郎集』鳳書院、一九八〇
「浪速部落の歴史」編纂委員会編『渡辺・西浜・浪速―浪速部落の歴史』解放出版社、一九九七
「浪速部落の歴史」編纂委員会編『太鼓・皮革の町―浪速部落の三〇〇年』解放出版社、二〇〇二
成沢光『現代日本の社会秩序―歴史的起源を求めて』岩波書店、一九九七
日本国有鉄道編・刊『日本国有鉄道百年史』第一巻・年表、一九六九・一九七五
埜上衛「府立大阪博物場の考察―明治前期公立博物館の活動（一）（二）」『近畿大学短大論集』vol.一一―二・一二―二、一九七九
能川泰治「大阪城天守閣復興前史―陸軍史料に見る大阪城の観光地化と浪速神宮造営問題」『大阪の歴史』No.七三、二〇〇九
原口剛・白波瀬達也・稲田七海・平川隆啓編『釜ヶ崎のススメ』洛北出版、二〇一一
部落解放同盟大阪府連合会編・刊『松田喜一―その思想と事業』一九七五
堀田暁生・西口忠編『大阪川口居留地の研究』思文閣出版、一九九五
堀田暁生編『大阪の歴史地名由来辞典』東京堂出版、二〇一〇
本田良寛『にっぽん釜ヶ崎診療所』朝日新聞社、一九六六
松下孝昭『軍隊を誘致せよ―陸海軍と都市形成』吉川弘文館、二〇一三
松田武「大阪府仮病院の創設（一）（二）」『大阪大学史紀要』No.一・二、一九八一・一九八二
松村博『大阪の橋』松籟社、二〇〇〇
水内俊雄「地理思想と国民国家形成」『思想』No.八四五（近代の文法）、岩波書店、一九九四
水内俊雄・加藤政洋・大城直樹『モダン都市の系譜―地図から読み解く社会と空間』ナカニシヤ出版、二〇〇八

水原完「大阪桃山病院ができたころ」『生活衛生』vol.二九―六、一九八五
三宅宏司『大阪砲兵工廠の研究』思文閣出版、一九九三
三善貞司編『大阪人物辞典』清文堂、二〇〇〇
森田康夫『地に這いて―近代福祉の開拓者・志賀志那人』大阪都市協会、一九八七
安丸良夫『安丸良夫集』第4巻（近代日本の深層）、岩波書店、二〇一三
吉見俊哉『都市のドラマトゥルギー―東京・盛り場の社会史』弘文堂、一九八七
吉見俊哉『博覧会の政治学―まなざしの近代』中央公論社、一九九二
吉村智博『近代大阪の部落と寄せ場―都市の周縁社会史』明石書店、二〇一二

人名索引

本論に登場する主要な歴史上の人物に限定し、五十音順に配列した。

あとがき

性懲りもなく、また書いてしまった。一昨年刊行させていただいた『かくれスポット大阪』がさいわい好評を博し、全国紙が取材してくださったり、大型書店で記念講演会を開催してくださるなど、広い意味で多種多様な読者の方々に支持されたようである。何人かの方からは続編のご要望も頂戴した。

こうした読者の声に後押しされ、本書の刊行と相成った次第である。

＊

本書は、エリアを焦点化した前著の街歩きガイドの要素を引き継ぎつつ、人物の考え方や人となりに少しばかり踏み込んで書かれている。いくつかのトピックス（テーマ）を切り口として人物の思想を「縦軸」にして、その活動にかかわる施設や拠点を「横軸」にすえて、都市の歴史空間を案内しようという趣向である。真意はまさしく「思想が織りなす歴史空間への誘い」。その場合の軸足（縦横の軸の接点）は、やはり前著でも明記したように「社会的差別」であるが、前著との重複を可能な限り避けて、新たなスポットを探索できるように工夫はしたつもりである。

ただ、すでにお気づきの方も多いとは思うが、前著から積み残してきた課題がいくつかある。ひとつは、女性が一人も登場しない点である。社会事業家、廃娼運動家、水平運動家など、名前はいくらでも浮かんでくる。しかし、追跡作業をしてみたものの、現段階の私の力量ではどうしても「縦軸」にしかならず、関連施設をプロットして空間を表現するための「横軸」を探しあてるまでには至らなかった。

ふたつには、アジア太平洋戦争後七〇年を迎えようとしている現在、いわゆる「戦後史」の部分の叙述が弱い点である。「戦後」なのか、はたまた「現代」と表記すべきなのかは議論の分かれるところであろうが、いずれにしても一九六〇年代ぐらいまではもう少し意識的に切り口を探るべきだったのかもしれない。

ゆえに、こうした点については続編となる本書の刊行段階までついにカバーできなかった。言い訳じみているが、もはや課題とするほかはない。

＊

ところで、人物の思想を取り上げると、しばしば評価は相反し、「顕彰」「絶賛」になったり、逆に「誹謗《ひぼう》」「論難」になったりしがちである。いずれも論者の認識や関心にもとづく立ち位置に依るのだろうが、本書では、一方的な評価ではなく再帰的な人物像を明らかにするために、史実に即してその思想の道筋を明確にするとともに、彼らの直接かかわった縁の地を探訪できるよう、歴史空間にプロットすることにした。

最後になるが、前著同様に編集の労をとっていただいた解放出版社の松原圭さん、カバーや扉のデザインをしてくださった上野かおるさん、本文レイアウトをご担当いただいた伊原秀夫さんに心からお礼を申し上げたい。

二〇一五年二月

著　者

吉村智博（よしむら・ともひろ）
1965 年 1 月　京都市生まれ
1988 年 3 月　立命館大学文学部史学科日本史学専攻卒業
2012 年 3 月　大阪市立大学 博士（創造都市）〈論博〉取得
専攻は、都市周縁社会史
現在、大阪市立大学特別研究員、大阪教育大学非常勤講師

［主要著書］
『かくれスポット大阪』解放出版社、2013 年
『近代大阪の部落と寄せ場—都市の周縁社会史』明石書店、2012 年
『釜ヶ崎のススメ』（共著）洛北出版、2011 年
『もっと知りたい部落の歴史—近現代 20 講』（共著）解放出版社、2009 年

続 かくれスポット大阪

2015 年 3 月 15 日　初版第 1 刷発行

著　者　吉村智博

発　行　株式会社　解放出版社
552-0001 大阪市港区波除 4-1-37 HRC ビル 3F
TEL 06-6581-8542　FAX 06-6581-8552
東京営業所　千代田区神田神保町 2-23 アセンド神保町 3F
TEL 03-5213-4771　FAX 03-3230-1600
振替 00900-4-75417　ホームページ　http://kaihou-s.com
装丁　上野かおる
本文レイアウト　伊原秀夫
印刷・製本　モリモト印刷株式会社

定価はカバーに表示しております。落丁・乱丁おとりかえします。
ISBN 978-4-7592-4223-2　NDC 216　125P　19cm